<u>dtv</u>

»Goethe war unter allen großen Deutschen der menschlichste – menschlich in seiner Sehnsucht nach Liebe und Frauen, menschlich in seiner Angst vor Kritik, menschlich in seinem Bedürfnis nach Beifall, in seiner Empfänglichkeit für Lob und in seiner Abhängigkeit vom Erfolg.« – Marcel Reich-Ranicki untersucht Goethes Verhältnis zu seinen Werken und zur Kritik, Goethes Urteil über Deutschland und die Deutschen, sein Verhältnis zu Shakespeare, Schiller, zum Verleger Cotta und anderen Zeitgenossen. Und er versucht eine Antwort auf die Fragen: War Goethe wirklich ein guter Dichter, und war er das Genie, als das er gilt? – Aufsätze, Reden und Gedichtinterpretationen, darunter auch die Dankrede anläßlich der Verleihung des Goethepreises im August 2002.

Marcel Reich-Ranicki, Professor, Dr. h. c. mult., geboren 1920 in Włocławek an der Weichsel, ist in Berlin aufgewachsen. Er war von 1960 bis 1973 ständiger Literaturkritiker der Wochenzeitung ›Die Zeit‹, leitete von 1973 bis 1988 in der ›Frankfurter Allgemeinen Zeitung‹ die Redaktion für Literatur und literarisches Leben und von 1988 bis 2001 das ›Literarische Quartett‹. Ehrendoktor der Universitäten in Uppsala, Augsburg, Bamberg, Düsseldorf, Utrecht und München. Goethepreis des Jahres 2002.

Marcel Reich-Ranicki

Goethe noch einmal

Reden und Anmerkungen

Deutscher Taschenbuch Verlag

Erweiterte Neuausgabe
Dezember 2004
Deutscher Taschenbuch Verlag GmbH & Co. KG,
München
www.dtv.de
© 2002 Deutsche Verlags-Anstalt, Stuttgart · München
Umschlagkonzept: Balk & Brumshagen
Umschlagbild: ›Goethe in der Campagna‹
(1786/87) von Johann Heinrich Wilhelm Tischbein
Druck und Bindung: Druckerei C. H. Beck, Nördlingen
Gedruckt auf säurefreiem, chlorfrei gebleichtem Papier
Printed in Germany · ISBN 3-423-13283-3

Petra Roth
herzlichst zugeeignet

Inhalt

9 Vorwort
17 Bewundert, doch nicht geliebt
57 Der Verächter der Kritik
77 Unser kostbarster Schatz
85 Der Platz neben der Herzogin
91 Deutschstunde für ganz Europa
101 Die Literatur ist ein Spiel – wie die Liebe
121 Die weite Welt war seine Sache nicht
127 Interpretationen
    Rezensent
    Ein Gegner der Meinungsfreiheit
    Alles geben die Götter
    Ihr Liebling
    Freudvoll und leidvoll
    Die schwebende Pein
    An vollen Büschelzweigen
    Sie ist bis heute unser aller Glück

147 *Nachweise*

Vorwort

Der Titel dieser kleinen Sammlung folgt einem großen Vorbild. Im Jahre 1821 verteidigte Goethe seinen bedeutenden italienischen Kollegen Alessandro Manzoni gegen dessen einheimische Kritiker; sie waren nämlich mit dem neuen Werk Manzonis, dem historischen Trauerspiel »Il Conte di Carmagnola«, gar nicht zufrieden.

Wenig später kam Goethe auf dieses Drama überraschend abermals zu sprechen – vielleicht deshalb, weil er von Manzoni einen für ihn schmeichelhaften Dankbrief erhalten hatte, was er übrigens den Lesern gleich am Anfang seines zweiten Aufsatzes mitzuteilen für richtig hielt. Jetzt verteidigte er Manzoni gegen einen englischen Kritiker. »Theater-Einheit, in Bezug auf vorstehendes Trauerspiel ausgesprochen« lautete der etwas umständliche Titel dieses Beitrags. Goethe hat aber dann einen schöneren und kürzeren gewählt: »Carmagnola noch einmal«.

Seitdem wird dieses »noch einmal« gern verwendet, nun auch von mir. Aber ich meine es etwas anders. Keineswegs bin ich es, der sich noch einmal über

Goethe äußert. Denn alles, was ich in meinem langen Leben zu dem doch gewaltigen Thema verfaßt habe, ist in diesem bescheidenen Buch enthalten. Tatsächlich ist der, sagen wir, Essay, der den Band eröffnet, meine erste Arbeit über Goethe. Sie stammt aus dem Jahre 1979. Ich war damals neunundfünfzig Jahre alt und schon seit Jahrzehnten ausschließlich als Kritiker tätig.

Sollte mich jemand fragen, warum ich mich schreibend erst so spät Goethe zugewandt hätte, könnte ich meine Antwort auf zwei Worte beschränken: Angst und Respekt. Der Respekt bedarf keiner Begründung. Aber die Angst?

In den Jahren des »Dritten Reiches« widmete ich, der ich damals noch Gymnasialschüler war, viel Zeit der Lektüre einer Zeitschrift, die nicht mehr in Deutschland erscheinen durfte. Wenn man die früheren Jahrgänge dieser Zeitschrift besaß, war man gut beraten, sie im Bücherschrank an versteckter Stelle aufzubewahren. Die roten Hefte sollten bei polizeilichen Haussuchungen, mit denen man damals stets rechnen mußte, nicht auffallen, das hätte zu Unannehmlichkeiten führen können. Ich spreche von der »Weltbühne«, die einst Siegfried Jacobsohn gegründet hatte und die später von Kurt Tucholsky und dann von Carl von Ossietzky geleitet wurde.

Ich las in diesen alten Heften mit roten Backen, ich

suchte vor allem die Beiträge, die Tucholsky selber zu jeder Nummer beigesteuert hatte. Und ob man es mir glauben wird oder nicht, an manche dieser Aufsätze kann ich mich noch heute, also nach beinahe sechzig Jahren, gut erinnern. So an ein Feuilleton aus dem Jahre 1931, in dem von Neuschnee die Rede ist.

»Wenn du aufwärts gehst« – schreibt Tucholsky – »und dich hochaufatmend umsiehst, was du doch für ein Kerl bist, der solche Höhen erklimmen kann, du ganz allein –: dann entdeckst du immer Spuren im Schnee. Es ist schon einer vor dir dagewesen.« Diese Entdeckung sei zuerst – sagt Tucholsky – sehr schmerzlich. So ist das, wenn man meint, man wäre auf Höhen, die noch keines Menschen Fuß je betreten hat, dann sieht man wieder die Spuren im Schnee: »Immer ist einer noch höher geklettert als du es je gekonnt hast, noch viel höher.« Doch mit diesem traurigen Befund begnügt sich Tucholsky nicht, er hat keine Bedenken, den Leser zu ermahnen: »Das darf dich nicht entmutigen. Klettere, steige, steige. Aber es gibt keine Spitze. Es gibt keinen Neuschnee.«

Damit ist, hoffe ich, schon geklärt oder doch zumindest angedeutet, woher jene Angst rührte, die mich lange Jahre zögern ließ, mich über Goethe öffentlich zu äußern. Meine ersten Goethe-Erlebnisse, etwa Mitte der dreißiger Jahre, waren sehr unterschiedlicher Art: »Egmont« auf der Bühne des Schauspielhauses am Gendarmenmarkt, die »Iphigenie« als Hörspiel im Berliner Rundfunk (ungekürzt und unverändert), ferner die einsame Lektüre des »Faust I« auf der Suche nach der Szene, in der Gretchen geschwängert wird, und schließlich einige Gedichte in der Schule, darunter leider auch schwache und ziemlich schlechte.

Ich las damals viel Lessing und Schiller, Kleist und Büchner. Sie gefielen mir, sie beeindruckten und begeisterten mich, ohne mir Angst einzuflößen. Und Goethe? Im Unterschied zu den anderen Klassikern hatte sein Werk etwas Einschüchterndes, und zwar in hohem Maße. Es schien mir wie ein gigantisches Gebirge ohne Anfang und Ende mit Gipfeln, eingehüllt im Nebel und in Wolken. Jedenfalls war es mir ganz und gar unmöglich, diesen Komplex zu überblicken. Zwischen uns sei Wahrheit – sagt Orest in der »Iphigenie«. Also unter uns: Dabei ist es bis heute geblieben. Das soll heißen: Ich kann ihn immer noch nicht ganz überblicken.

Einen großen Teil dessen, was in Goethes Werkausgaben gedruckt wird, habe ich nie gelesen. Nie habe ich die rund tausend Seiten »Zur Farbenlehre«, nie die »Schriften zur Morphologie« (immerhin rund tausenddreihundert Seiten), nie die »Schriften zur allgemeinen Naturlehre, Geologie und Mineralogie« (ebenfalls tausendfünfhundert Seiten) zur Kenntnis genommen. Nie habe ich mich mit seinen »Amtlichen Schriften« (weit über tausend Seiten) beschäftigt.

Zweierlei hat mich bei Goethe wirklich interessiert: sein literarisches Werk und seine Biographie. Der Schriftsteller Klabund, der leider schon beinahe vergessen ist, hat einmal schön gesagt: »Goethe: dessen Leben selbst das vollkommenste Dichtwerk war, das je gelebt wurde.«

Schiller war der erste, von dem ich gelernt habe, daß der Autor oft durch seine Werke schreitet: Er, Schiller, als Karl Moor und Ferdinand, als der Kronprinz Carlos und der Marquis von Posa, als Wallenstein und Max Piccolomini. Bei Goethe ist es anders. Natürlich können wir Figuren in seinem Werk aufzählen, die ihm auffallend ähneln und nennen gleich sowohl den Faust als auch den Mephisto.

Aber damit ist es nicht getan. Denn von ihm habe ich gelernt, daß bei manchen großen Dichtern so gut wie alles, was sie geschrieben haben, auf Selbstdarstellung hinausläuft. Für Shakespeare gilt das nicht, er sprengt alle Grenzen, wohl aber für Goethe. Ja, er spricht unentwegt über sich – und zugleich über uns alle. Dies ist wohl der tiefste Grund seines Erfolgs.

Auf einem Spaziergang mit Golo Mann, übrigens auf dem Friedhof in Kilchberg, wo seine Eltern begraben sind, rezitierte er, auf meine Bitte hin, auswendig ein Goethe-Gedicht nach dem anderen. Als ich ihn dann fragte, was ihm denn dieser Dichter bedeute, antwortete er spontan, Goethe sei für ihn so notwendig »wie die Luft, die wir zum Atmen brauchen, wie das Licht, ohne das wir nicht leben können«.

Da ich schon mal, in einem Erdloch verborgen, dem Ersticken nahe war, kann ich mich dem Bekenntnis Golo Manns nicht anschließen. Doch kann ich sagen, daß Goethe nie aufgehört hat, mich zu interessieren und zu irritieren, mich zu begeistern und nicht selten zu betören. Wann immer ich seine Werke las oder auf der Bühne sah, wann immer ich über ihn schrieb – ich war auf der Suche nach Goethe. So könnte auch diese Sammlung betitelt sein.

Wenn ich mich aber für den Titel »Goethe noch einmal« entschieden habe, so weil ich auf meine Gewissensbisse diskret hinweisen wollte. Vor meinen Augen unzählige Würdigungen und Erörterungen, allesamt wieder ein Gebirge, aufgetürmt in zwei Jahrhunderten und gewiß nicht kleiner oder übersichtlicher als jenes, zu dem sich seine Werke zusammenfügen, wage ich es, mit noch einem Buch über Goethe zu kommen. Und ich tue es, obwohl ich doch weiß, daß es keinen Neuschnee gibt.

Aber ich hatte ein Bedürfnis, das keinem ordentlichen Kritiker unbekannt ist: Ich wollte auch andere teilnehmen lassen – an der Freude und an dem Glück, die ich Goethes Werken verdanke.

Frankfurt am Main, im November 2002
M.R.-R.

Bewundert, doch nicht geliebt

Das bittere Wort Hölderlins, in Deutschland seien die Dichter »wie Fremdlinge im eigenen Haus« – gilt es mittlerweile auch für Goethe? Die Frage mag verwundern. Denn nach wie vor ist er die majestätische Galionsfigur der deutschen Literatur, immer noch dient sein Porträt als Wappen des deutschen Geistes. Ja, der gesamte behördlich organisierte Kulturexport der Bundesrepublik erfolgt in seinem Namen: Er soll für die Qualität deutscher Wertarbeit bürgen. Goethe wird als Markenzeichen verwendet – wie Mercedes, Karajan oder Siemens. Und er hat viele Denkmäler im ganzen Land. Hat er auch viele Leser?

Sicher ist, daß die heutige Jugend kaum etwas von ihm wissen will. Die meisten Autoren der Beiträge in einem 1974 erschienenen Sammelband mit dem höhnisch oder zumindest skeptisch gemeinten Titel »Von Goethe lernen?« wollen sich weder zu ihm bekennen, noch haben sie Lust, gegen ihn zu rebellieren.[1] Es dominiert, was schlimmer ist als Protest oder Verwerfung: Gleichgültigkeit.

Die Studenten lesen seine Hauptwerke nur widerwillig und flüchtig. Goethe gilt als verstaubt und langweilig. Wenn sich die »Wahlverwandtschaften« bei jüngeren linksorientierten Germanisten eines verhältnismäßig guten Rufs erfreuen – was übrigens noch nicht auf die Kenntnis des Textes schließen läßt –, so vor allem deshalb, weil es über diesen Roman eine Abhandlung von Walter Benjamin gibt. In einem 1980 veröffentlichten Buch mit dem zweideutigen Titel »Mein Gott Goethe« behauptet der Germanist Leo Kreutzer, daß »in unserer Gesellschaft eigentlich niemand mehr (auf Goethe) ernsthaft Anspruch« erhebe. An ihn knüpfe »keine Idee mehr an, die noch irgendeine nennenswerte Rolle zu spielen vermöchte«[2].

Jenen, die Goethe in unseren Jahren ignorieren wollen oder die ihn direkt oder indirekt ablehnen, kann man Originalität schwerlich nachrühmen: Sie sind allesamt nur Epigonen. Daß schon seine Frühwerke, »Götz von Berlichingen« und »Werther«, neben begeisterter Zustimmung auch heftige Entrüstung hervorriefen, ist bekannt und, bedenkt man den Zeitgeist und den geschichtlichen Hintergrund, nicht unbegreiflich.

Was damals begann, hat nie ganz nachgelassen: der deutsche Widerstand gegen Goethe. So unterschiedlich seine Etappen im Laufe dieser zwei Jahrhunderte waren, so unverkennbar ist die Tatsache, daß nahezu jede neue literarische Generation versucht hat, sich zunächst einmal von Goethe zu distanzieren oder gar in der Meuterei gegen ihn zu profilieren. Gewiß, groß ist die Zahl der Schriftsteller, die ihn geschätzt, noch größer ist die Zahl jener, die ihn nachgeahmt haben. Er wurde bewundert, doch nicht geliebt. Und er wurde eher glorifiziert als akzeptiert. Anders als Schiller oder Hölderlin, Rilke oder George war er, sieht man von der »Werther«-Zeit ab, nie ein Dichter der deutschen Jugend: Sie war nicht bereit oder fähig, sich mit Goethe – wie etwa mit Kleist oder Büchner – zu identifizieren.

Den hundertsten Geburtstag Schillers hatte man 1859 in ganz Deutschland enthusiastisch gefeiert: Es war ein nationales Ereignis, eine vaterländische Manifestation großen Stils. Hingegen wurde, zehn Jahre früher, der hundertste Geburtstag Goethes kaum bemerkt. 1849 habe sich gezeigt – klagte einst der Literaturhistoriker Viktor Hehn –, daß Goethes Ansehen in Deutschland »von der Nichtachtung bis zur Verachtung gesunken«[3] war.

Erst erheblich später, gegen Ende des neunzehnten Jahrhunderts, veränderte sich das Bild. Vom Schatten Schillers befreit, avancierte Goethe, genauer: der Dichter des »Faust«, zur zentralen Figur der nationalen Identität der Deutschen. Dies aber wirkte sofort provozierend. Da man ihn als Sinnbild und Verkörperung der offiziellen Kultur verwendete, mußte er zugleich als Zielscheibe herhalten. Zusammen mit dem Sockel seines Denkmals wuchs die ohnehin schon verbreitete Abneigung gegen jenen, den man so gern als »Olympier« oder »Geheimrat« denunzierte. Die sich gegen Goethe wehrten, meinten häufiger den Repräsentanten als den Poeten. Doch wann immer Deutschland in eine Identitätskrise geriet – und zwei Weltkriege haben hierfür hinreichend gesorgt –, besann man sich auf sein gigantisches und schwieriges und nach wie vor nur zu einem kleinen Teil bekanntes Werk.

Indes fällt es auf, daß die längst zur Tradition gehörenden Attacken gegen Goethe immer wieder repetieren und paraphrasieren, was schon die Romantiker und erst recht die Sprecher des Jungen Deutschlands, zumal Börne, noch zu Goethes Lebzeiten gegen ihn vorzubringen hatten. Dabei richtete sich der Unwille, woher er auch kam, häufiger gegen Goethes Charakter als gegen seine Sprache und eher gegen sein Weltbild als gegen seine Kunstleistung. Man beschimpfte ihn als »Fürstenknecht«, »Despotendiener« und »Reaktionär«, und man beschuldigte ihn zugleich – nun von ganz anderer Seite – des Mangels an Nationalbewußtsein, an Patriotismus und auch an Christentum.

Sicher ist, daß sie es nie leicht miteinander hatten und haben: Goethe und die Deutschen. Die Vokabel

»deutsch« wurde von ihm zwar häufig verwendet, aber meist im abfälligen Sinne, zornig oder gar verächtlich. Er mochte seine Landsleute nicht und wollte daraus kein Hehl machen: Er mußte immer wieder auf sein Mißtrauen und seine Abneigung wenigstens hinweisen, er benutzte jede Gelegenheit, um zu diesem Thema zurückzukehren.

Man würde es sich zu leicht machen, wollte man übersehen, daß es sich hier um eine bisweilen schmerzhafte Selbstauseinandersetzung handelte: Wie Kleist verzweifelt an den Ketten zerrte, die ihn an Preußen banden, wie Heine unentwegt an seinen Wurzeln riß, die nicht anderswo zu suchen sind als in seinem Judentum, so haderte Goethe ein Leben lang nicht etwa mit seinem Deutschtum, wohl aber mit einem Phänomen, dessen Existenz er hartnäckig in Frage stellte – mit Deutschland. Natürlich konnte er diesen Begriff nicht umgehen; nur daß er sich weigerte, ihn im politischen oder nationalen Sinne aufzufassen. Es war für ihn nicht mehr und nicht weniger als ein Kulturbegriff. Die Xenie mit der Überschrift »Das deutsche Reich« sagt es sehr deutlich:

> Deutschland? Aber wo liegt es? Ich weiß
>   das Land nicht zu finden,
> Wo das gelehrte beginnt, hört das politische auf.

Dieser schroffen Gegenüberstellung von Innenwelt und Außenwelt entspricht ein hartes Urteil Goethes aus dem Jahre 1808: »Deutschland ist *nichts*, aber jeder einzelne Deutsche ist viel. Und doch bilden sich letztere gerade das Umgekehrte ein. Verpflanzt, zerstreut wie die Juden in alle Welt müßten die Deutschen werden, um die Masse des Guten ganz und zum Heil aller Nationen zu entwickeln, die in ihnen liegt.«[4]

Von der nationalen Aufbruchstimmung während der Freiheitskriege ließ sich Goethe nicht beirren. Er erklärte 1813 unzweideutig und nicht ohne Trotz: »Glauben Sie ja nicht, daß ich gleichgültig wäre gegen die großen Ideen Freiheit, Volk, Vaterland. Nein; diese Ideen sind in uns; sie sind ein Teil unsres Wesens, und niemand vermag sie von sich zu werfen. Auch liegt mir Teutschland warm am Herzen. Ich habe oft einen bitteren Schmerz empfunden bei dem Gedanken an das teutsche Volk, das so achtbar im Einzelnen und so miserabel im Ganzen ist. Eine Vergleichung des teutschen Volkes mit anderen Völkern erregt uns peinliche Gefühle, über welche ich auf jegliche Weise hinwegzukommen suche; und in der Wissenschaft und in der Kunst habe ich die Schwingen gefunden, durch welche man sich darüber hinwegzuheben vermag...«[5]

Hinter solchen verstreuten und meist vom Unwillen zeugenden Äußerungen Goethes verbirgt sich jene unkomplizierte Konzeption, die in seinem großen Gespräch mit Eckermann am 23. Oktober 1828 zu finden ist. Goethe spricht hier von der künftigen Einheit Deutschlands und gibt sich jetzt, anders als in früheren Jahren, durchaus optimistisch, doch mit einer für ihn sehr bezeichnenden, betont pragmatischen Begründung: »Mir ist nicht bange, daß Deutschland nicht eins werde: unsere guten Chausseen und künftigen Eisenbahnen werden schon das ihrige tun.«[6]

Doch mit dieser Prognose verbindet Goethe eine nachdrückliche Warnung. Groß sei Deutschland »durch eine wundernswürdige Volkskultur, die alle Teile des Reichs gleichmäßig durchdringen« habe und deren »Träger und Pfleger« die einzelnen Fürstensitze seien. Unvorstellbar sei für ihn die deutsche Kultur, wenn es seit Jahrzehnten nur die beiden Residenzstädte Wien und Berlin gegeben hätte. Goethe befürwortet also die Aufrechterhaltung der Kleinstaaterei, weil nur diese das erwünschte Kulturniveau ermöglichen könne. Und andere Aspekte des menschlichen Zusammenlebens? Gewiß, in einem Nebensatz erwähnt er auch den Wohlstand, meint jedoch rasch und etwas leichtsinnig, er gehe »mit der Kultur Hand in Hand«.[7]

So ist in Goethes Sicht der Staat nicht ausschließlich zwar, doch vor allem als Garant der Kultur zu bewerten; sonstige Elemente scheinen da nebensächlich. Kein Zweifel, im Unterschied zu Schiller blieb Goethe, dem langjährigen Minister von Sachsen-Weimar, das politische Denken fremd. Von einer etwaigen Veränderung der Gesellschaftsstruktur wollte er nichts wissen – seine Anschauungen waren in dieser Hinsicht betont konservativ und patriarchalisch.

Die Französische Revolution war ihm zuwider, er beurteilte sie vom Standpunkt des Ancien régime. Berühmt ist sein Ausspruch: »Von hier und heute geht eine neue Epoche der Weltgeschichte aus, und ihr könnt sagen, ihr seid dabeigewesen.« Goethe mag diesen Satz tatsächlich nach der Kanonade von Valmy im September 1792 gesprochen haben, beweisen kann man es allerdings nicht. Denn unsere einzige Quelle ist leider nicht ganz zuverlässig: Goethe zitiert die effektvolle Sentenz in seinem autobiographischen Bericht »Kampagne in Frankreich«. Dieser aber ist 1822 erschienen und wurde erst kurz davor, also rund dreißig Jahre nach dem beschriebenen Vorfall, verfaßt.

Ein politisches Drama wie etwa Schillers »Maria Stuart« ist aus Goethes Feder schwer vorzustellen. Im Mittelpunkt seines einzigen Schauspiels, das doch einen politischen Kampf behandelt, steht ein

Mann, der diesem Kampf nicht gewachsen ist und deshalb untergehen muß: Graf Egmont. Aber so gewiß Goethe von emanzipatorischen Bestrebungen in der Regel nichts hielt, so war er auch nicht bereit, die patriotische Propaganda zu unterstützen. Während Schiller seine späten Dramen mit jenen nationalen Sprüchen garnierte, nach denen sich das Publikum damals sehnte – »Nichtwürdig ist die Nation, die nicht ihr Alles freudig setzt an die Ehre«, »Wir wollen sein ein einzig Volk von Brüdern ...«, »Ans Vaterland, ans teure, schließ dich an« –, scheute sich Goethe nicht, den Patriotismus auf seine Weise zu verstehen und zu modifizieren. In seinem 1772 gedichteten »Felsweihe-Gesang an Psyche« findet sich die überraschende Strophe:

Da wo wir lieben,
Ist Vaterland,
Wo wir genießen,
Ist Hof und Haus.

In Goethes letztem Roman, »Wilhelm Meisters Wanderjahre oder Die Entsagenden«, wird dieses Diktum des jugendlichen Poeten abgewandelt. Jetzt heißt es: »Man hat gesagt und wiederholt: Wo mirs wohlgeht ist mein Vaterland! Doch wäre dieser tröstliche Spruch noch besser ausgedrückt, wenn es hieße: Wo ich nütze ist mein Vaterland!« Die kühnen Worte haben übrigens keinen Sturm der Entrüstung hervorgerufen. Denn die »Wanderjahre« gehören zu jenen Werken Goethes, die zu seinen Lebzeiten von Kritik und Publikum nahezu ignoriert wurden.

Wie er den Nationalismus entschieden abgelehnt und den Patriotismus zumindest angezweifelt hat, so bekannte er sich im Alter demonstrativ zu einem großzügig-urbanen Kosmopolitismus. Sein berühmtes Diktum von 1827 – »Nationalliteratur will jetzt nicht viel sagen, die Epoche der Weltliteratur ist an der Zeit«[8] – gehört ebenfalls in diesen Zusammenhang. Freilich hat das Votum für eine die nationalen Grenzen sprengende Literatur auch mit Goethes Situation zu tun, mit seinem Selbstverständnis als Autor.

Er war einst mit dem »Werther« geworden, was man vor ihm nicht gekannt hat: ein deutscher und doch international berühmter Dichter, einer, dessen »Büchlein« (so pflegte er den Roman zärtlich zu bezeichnen) auch im fernsten Ausland ein erstaunlich starkes Echo fand. Während Goethes Ruf in der Heimat später verschiedenen und heute meist unterschätzten Schwankungen unterlag, wurde seine Person zum Objekt der Bewunderung, ja der Verehrungsbedürftigkeit der ganzen Menschheit. Es hieße die Dinge ungebührlich vereinfachen, wollte man in diesem Umstand die Ursache der kosmopolitischen Einstellung Goethes sehen. Aber er hat sie auf jeden Fall begünstigt.

Anders als Lessing, Schiller oder Kleist war Goethe ein Europäer. Von welchem deutschen Dichter des achtzehnten oder neunzehnten Jahrhunderts könnte man dies ebenfalls sagen? Gewiß, von dem ein halbes Jahrhundert nach ihm geborenen Heine. Aber dieser war es der Not gehorchend, jener aus eigenem Willen und Antrieb. Der Jude aus Düsseldorf wählte sich die prunkvolle Hauptstadt Frankreichs, einen Wallfahrtsort der Künstler, zu seinem Asyl. Der Protestant aus Frankfurt machte hingegen aus seinem fürstlichen Asyl, einer winzigen und verschlafenen Residenzstadt, einen Wallfahrtsort der europäischen Intellektuellen.

Die Welt allerdings ist gewohnt, Goethe für die Personifizierung des *deutschen* Geistes zu halten. Nie sei »die kühle und souveräne Beurteilung des Deutschen aus deutscherem Gemüte gekommen«[9], meinte Thomas Mann und charakterisierte seine lebenslängliche Beschäftigung mit Goethes Werk und Biographie als »die Versenkung ... eines Deutschen in das Deutsche«[10]. Trifft diese Kennzeichnung zu? Kann also Goethe tatsächlich mit dem, was man den deutschen Geist nennt, gleichgesetzt werden?

Seine Bühne bevölkern Schwächlinge und Hysteriker, Sünder und Irrende: der zweideutig-verräterische, skrupellos-ehrgeizige Clavigo, der unberechenbare, leichtsinnig-unseriöse Egmont, die zarten Neurotiker Werther und Tasso, der Verführer Faust. Kann als der deutscheste aller deutschen Dichter gelten, wer im »Werther« den Selbstmord und in der »Stella« die Bigamie verteidigt hat? Die Geschichte jenes Intellektuellen, der zunächst erkennen will, was die Welt im Innersten zusammenhält, doch sehr bald nach dem Strumpfband eines Mädchens schmachtet – hat das mit deutschem Geist zu tun? Zeugt davon jenes metaphysische Panoptikum, jene gigantische Menschheitsrevue, die auf die Worte zuläuft: »Das Ewig-Weibliche zieht uns hinan«? Ist dies der deutschen Weisheit letzter Schluß?

Natürlich wäre es müßig, wenn nicht absurd, Goethes Deutschtum in Frage zu stellen. Nur sollte man sich darüber im klaren sein, daß seine Werke alle Vorstellungen von dem, was deutscher Geist ist und sein kann, weit hinter sich lassen. Daraus ergibt sich freilich auch eine bittere Einsicht: Goethe vermochte das Bild, das sich die Welt von Deutschland macht, nicht entscheidend zu prägen. Dies haben eher jene getan, die ein halbes Jahrhundert nach seinem Tod die Macht in Deutschland ausübten. Ähnlich wurde in unserer Epoche der Begriff »deutsch« durch Thomas Manns Œuvre neu definiert und festgesetzt. Aber das Deutschlandbild eines großen Teils der Menschheit hat ein anderer geschaffen: Adolf Hitler.

Diese beiden Namen, Thomas Mann und Adolf Hitler, symbolisieren deutsche Kultur und deutsche Barbarei. Das jedoch ist das Begriffspaar, dessen sich Goethe immer wieder bedient. Die Summe seiner Dichtungen und Abhandlungen, Briefe und Gespräche ist eine gewaltige Manifestation des Anti-Barbarentums. Goethes selbstkritisch-schnoddrige Formulierung in einem Brief an Schiller, die »Iphigenie auf Tauris« sei »ganz verteufelt human«[11], wird von Generationen seiner Kritiker mit Vergnügen und hämischer Genugtuung zitiert. Aber tatsächlich ist dieses Schauspiel, vielleicht das einzige vollkommene Drama, das in deutscher Sprache geschrieben wurde, im tiefsten Sinne eben human.

Die berühmten Verse, die der alte Goethe einem Berliner Schauspieler in ein Exemplar der »Iphigenie« schrieb – »Alle menschlichen Gebrechen / Sühnet reine Menschlichkeit« –, diese sechs Worte reichen aus, um den Gedanken anzudeuten, der gleichsam die Achse seines Lebenswerkes bildet. Wie Schiller der Dichter der moralischen Idee und Kleist jener der tragischen Passion war, so war Goethe der Poet der reinen Menschlichkeit.

In Schillers Gedicht »Die Künstler« heißt es: »Der Menschheit Würde ist in eure Hand gegeben.« In den

»Wahlverwandtschaften« hingegen notiert Ottilie in ihrem Tagebuch: »Das eigentliche Studium der Menschheit heißt Mensch.« Bei Schiller leidet der Mensch um der Menschheit willen. Bei Goethe wird die Menschheit gerichtet, weil der Mensch leiden muß.

Schillers Wort über den »Egmont«, die Einheit dieses Stückes liege »weder in den Situationen noch in irgendeiner Leidenschaft, sondern sie liegt in dem Menschen«[12], trifft auf das ganze Werk Goethes zu – vom »Götz von Berlichingen« bis zum zweiten »Faust«, vom »Werther« bis zu den »Wanderjahren«. Nicht Thesen oder Ideen, Konflikte oder Probleme, Handlungen oder Situationen stehen im Mittelpunkt, sondern versagende Individuen, die Goethe nicht anklagt, sondern verteidigt und bisweilen verklärt. Mit Kategorien wie »Pflicht« oder »Freiheit« kann man sich zwar dem Werk Schillers nähern, doch gewiß nicht jenem Goethes. Die Vokabel, die in seinen Schriften am häufigsten vorkommt, ist, wie man ausgerechnet hat, »Liebe«. Und er hat dieses Wort ebenso im erotischen wie im platonischen Sinne verwendet: Das Ewig-Weibliche, das uns anzieht, und die reine Menschlichkeit, die alle menschlichen Gebrechen sühnet – das sind bei Goethe Synonyme.

So war er nie ein militanter Dichter, nicht einmal in seiner kurzen Sturm-und-Drang-Periode. Das wichtigste Thema der Verse auch dieser Jahre ist die Liebe. Während Schiller sein Jahrhundert in die Schranken zu fordern versuchte, während er, wie sein Nachfolger, der Moralist und Ideendichter Bertolt Brecht, die Welt verändern wollte, hatte es Goethe stets auf andere und scheinbar bescheidenere Ziele abgesehen: Er wollte, wie sein Erbe Thomas Mann, nur den Menschen erziehen, das Individuum bilden.

Und beide, Goethe und Thomas Mann, mochten nie den Bannerschwinger machen, trugen nie eine Fahne, der sich folgen ließe. Auch kann man ihnen das tragische Scheitern, das die Attraktivität Hölderlins und Kleists so sehr erhöht hat, nicht nachsagen. Die Tatsache, daß Goethe und Thomas Mann bei den jungen Deutschen, Generation auf Generation, mit erschreckender Regelmäßigkeit unbeliebt waren und es weiterhin sind, mag damit zusammenhängen.

Ein großer Teil des Goetheschen Werks wurde von den Zeitgenossen zwiespältig aufgenommen, mißbilligt oder verworfen. Zu sehr hat er an der Erfolglosigkeit gelitten, als daß man jenen glauben könnte, die – wie beispielsweise Klabund – leichtsinnig genug waren, zu schreiben: »Er war vielleicht der glücklichste Mensch, der je gelebt hat ...«[13] Trotz allem, was er erreicht hat, trifft eher das Gegenteil zu: Seine aus dem Jahre 1830 stammende Formulierung »Ein deutscher Schriftsteller, ein deutscher Märtyrer!«[14]

war keineswegs allgemein gedacht, sondern als Quintessenz seiner literarischen Laufbahn.

Nach dem »Werther« verschwand Goethe – wie Adam Müller 1804 konstatierte – »mit jedem größeren Werke mehr und mehr aus dem Gesichtskreis der Menge«[15]. Kein Theater wollte »Iphigenie auf Tauris« in den Spielplan aufnehmen. Erst nach vierzehn Jahren wurde das 1786 vollendete Schauspiel vom Wiener Burgtheater uraufgeführt. Indes mißfiel die Premiere, weshalb man die »Iphigenie« sofort ins Theater am Kärntner Tor verbannte. Auch dort kamen nur zwei Vorstellungen zustande. Noch schlimmer erging es »Torquato Tasso«: Kein deutschsprachiges Theater war an Goethes Drama interessiert. Die Uraufführung fand erst nach achtzehn Jahren statt – an dem von Goethe geleiteten Weimarer Hoftheater.

Der 1808 erschienene erste Teil des »Faust« war das letzte Werk Goethes, dem ein unzweifelhafter Ruf und eindeutiger Erfolg zuteil wurde. Die »Wahlverwandtschaften« hat Goethe nicht ohne Resignation »als ein Zirkular an meine Freunde« gesandt, »damit sie meiner wieder einmal an manchen Orten und Enden gedächten«[16]. Das Echo der Kritik war kühl und eher skeptisch.

Zu den wenigen positiven Reaktionen auf die »Wahlverwandtschaften« gehörte eine Abhandlung von Bernhard Rudolf Abeken, veröffentlicht in der

Zeitschrift »Morgenblatt für gebildete Stände«, die übrigens vom selben Johann Friedrich Cotta verlegt wurde, der auch den rezensierten Roman verlegt hatte. Die Abhandlung gefiel Goethe: Er ließ auf eigene Kosten einen Sonderdruck anfertigen und an seine Freunde verschicken. Aber der Mißerfolg blieb den »Wahlverwandtschaften« treu: Niemand wollte das Buch kaufen. Noch um 1910, rund hundert Jahre nachdem der Roman erschienen war, wurden von der Cotta'schen Buchhandlung Exemplare der Erstausgabe zum Originalpreis angeboten.

Auch der »West-östliche Divan« erwies sich als nahezu unverkäuflich, auch in diesem Fall war die Erstausgabe noch im zwanzigsten Jahrhundert nicht vergriffen. Der Roman »Wilhelm Meisters Wanderjahre« schließlich wurde als müdes und eher peinliches, auf jeden Fall mißlungenes Alterswerk abgelehnt.

Nie hat sich Goethe damit abgefunden, daß der größte Teil seines gewaltigen Œuvres, zumal die in seinen späten Jahren entstandenen Arbeiten, nur ein schwaches Echo hatte. Er war ein viel zitierter und wenig gelesener, ein weltberühmter und kaum bekannter Autor – auch und gerade in Deutschland.

Natürlich suchte er die Schuld beim Publikum. 1828 sagte er zu Eckermann: »Meine Sachen können nicht populär werden ... Sie sind nicht für die

Massen geschrieben, sondern nur für einzelne Menschen, die etwas Ähnliches wollen oder suchen ...«[17] Indes: Vor Tische las man's anders. Als seine Sachen sehr wohl »popular werden« konnten, als die Leser vom »Götz« begeistert und vom »Werther« ergriffen waren, da äußerte sich Goethe respektvoll und befriedigt über den Instinkt des Publikums und rühmte dessen Geschmack.

Sicher ist: Auch er war auf die Zustimmung angewiesen, auch er brauchte das Lob. In diesem Zusammenhang meinte Thomas Mann über Goethe: »Er ist sehr groß, aber er ist wie wir alle.«[18] Und das soll wohl heißen: wie wir Schriftsteller, die wir ohne Anerkennung nicht produzieren können, die wir also abhängig sind von der Welt, für die wir schreiben.

II

So genau wir über Goethe informiert sind, so erfahren wir doch über seine Abhängigkeit von der Umwelt nicht allzu viel. Wer sein Leben darzustellen versucht, steht auch dann unter dem übermächtigen Einfluß seiner autobiographischen Schriften, seiner Briefe und Gespräche, wenn er sich ihnen widersetzen oder sie gar widerlegen möchte. Indes lassen diese Dokumente zwar deutlich erkennen, wie Goethe gesehen werden wollte, doch weniger deutlich, wie er wirklich war. Überdies besteht ein nicht geringer Teil seines epistologischen Werks nur aus fiktiven, also von vornherein für die Veröffentlichung und für die Nachwelt bestimmten Briefen.

Vor diesem Hintergrund sollte man die 1979 zum ersten Mal vollständig publizierte Korrespondenz zwischen Goethe und seinem Verleger Johann Friedrich Cotta nicht unterschätzen.[19] Kurzweilig ist die Lektüre der beiden Bände nicht: Sie bieten fast ausschließlich Geschäftsbriefe, denen man nur in Ausnahmefällen literarischen Glanz nachsagen kann. Doch haben sie den Vorzug der makellosen Authentizität: Nicht obwohl, sondern eben weil sie oft nachlässig geschrieben oder rasch diktiert wurden, verraten sie mehr über ihren Verfasser als viele seiner virtuos formulierten Episteln.

Zunächst einmal: Das Bild, das sich aus dem Briefwechsel mit Cotta ergibt, läßt sich mit dem Klischee vom würdevollen Dichterfürsten und selbstzufriedenen Olympier beim besten Willen nicht in Einklang bringen. Jene Gelassenheit, die man gerne mit dem Beiwort »klassisch« versieht und die man Goethe ebenso nachgerühmt wie angekreidet hat, ist in diesem Briefwechsel kaum mehr zu finden. Er hat diese und ähnliche Rollen so konsequent und vollkommen gespielt, daß es noch heute schwerfällt, Schein von Sein zu unterscheiden.

Sowenig Heine ein zynischer Dandy, Fontane ein urgemütlicher Berliner oder Thomas Mann ein vorbildlicher Bürger war, sowenig war Goethe ein gravitätischer Geheimrat. Der hier mit seinem Verleger korrespondiert, ist ein leidender und launenhafter Literat, unzuverlässig und ungerecht, eitel und ehrgeizig, einer, der Termine nicht einhalten kann und der Cotta belehrt, es lasse sich »eine Ausführung, nicht wie man wünscht, leisten, wenn die Arbeit zu einer bestimmten Zeit fertig seyn soll«[20].

Daß die Beziehungen zwischen Goethe und Cotta beispielhaft seien für die lebenslängliche Zusammenarbeit eines Dichters und eines Verlegers, daß sich hier zwei Fürsten ihres Fachs als ebenbürtige Partner gegenüberstanden – diese liebevoll gehegte Legende des deutschen Buchhandels ist eben nur eine Legende.

Gewiß finden sich in den vielen Briefen, die Goethe innerhalb von fünfunddreißig Jahren an seinen Verleger gerichtet hat, auch einige schmeichelhafte Wendungen über Cotta. Er schätzte ihn, wie er 1797 an Schiller schrieb, als »einen Mann von strebender Denkart und unternehmender Handelsweise«[21], als tüchtigen und reichen Kaufmann, der den unschätzbaren Vorzug hatte, in die Literatur vernarrt zu sein und, vor allem, Goethe grenzenlos zu verehren. Aber Cotta war für ihn stets nur ein Geschäfts-, nie ein Gesprächspartner.

In der Korrespondenz geht es immer wieder um Ablieferungstermine und Presseankündigungen, um das Format und die Ausstattung der Bücher, um Illustrationen und Papierqualität, um den Versand von Rezensionsexemplaren, um Druckfehler, um Honorare und Abrechnungen. Von Literatur hingegen ist so gut wie nie die Rede.

Natürlich wußte Cotta, daß Goethe auf Lob wartete – und blieb ihm in dieser Hinsicht nichts schuldig. Ob er aber die ihm zugeschickten Manuskripte tatsächlich gelesen hat oder eher lesen ließ, kann man schwer entscheiden. Jedenfalls bieten seine Äußerungen immer nur nichtssagende und daher austauschbare Huldigungen. Zu »Hermann und Dorothea« schrieb er: »Man kann sich nicht satt daran lesen, weil man bei jeder Zeile neue Schönheiten entdeckt.«[22] Und über »Wilhelm Meisters Wanderjahre«: »Es ist ein göttlich schönes Werk!«[23]

Wenn Cotta Goethe mit einem anderen Dichter zu vergleichen wagt, dann höchstens mit Homer. Wenn er nach seiner Gesundheit fragt, dann fügt er, sich gleichsam entschuldigend, hinzu: »Es wird so schwer, beim Unsterblichen ans Sterbliche zu denken.«[24] In einem Brief aus dem Jahre 1802 bringt es

Cotta fertig, unter den letzten acht Worten dreimal die Vokabel »untertänig« zu verwenden.[25]

Andererseits nähern sich Goethes Manuskriptangebote bisweilen einem Gnadenakt. Als er die beiden von ihm übertragenen und in Weimar ohne Erfolg gespielten Voltaire-Trauerspiele »Mahomet« und »Tancred« bei Cotta publiziert sehen wollte, schrieb er: »... fühle ich mich nicht abgeneigt, sie zum Druck zu bringen, um so mehr als ich, von mehreren Seiten her, um Communikation ersucht werde, und biete sie Ihnen deshalb an ... Beyde Stücke würde ich für 500 rt Sächsisch auf Jubilate zahlbar überlassen.«[26]

In Geldangelegenheiten ließ Goethe nicht mit sich spaßen: Er verlangte viel und stellte harte Bedingungen. Der die verlegerischen Verbindungen zwischen Goethe und Cotta arrangiert und oft zwischen ihnen vermittelt hatte, machte sich keine Illusionen über Goethes Charakter: Schiller. 1789 schrieb er an Körner: »Öfters um Goethe zu sein, würde mich unglücklich machen ... Ich glaube in der Tat, er ist ein Egoist in ungewöhnlichem Grade ... Ein solches Wesen sollten die Menschen um sich herum nicht aufkommen lassen.«[27] Und wenige Tage später: »Dieser Charakter gefällt mir nicht – ich würde mir ihn nicht wünschen, und in der Nähe eines solchen Menschen wäre mir nicht wohl.«[28]

Wir wissen: Es ist anders gekommen. Die oft beschworene Goethe-Schiller-Freundschaft hat es allerdings nie gegeben, eher eine Art Interessengemeinschaft, ein Bündnis mit gegenseitiger Anerkennung, mit viel Bewunderung und wenig Herzlichkeit. Goethe konnte Frauen lieben, die Freundschaft mit Männern war seine Sache nie: Er hatte eine Schwäche eher für Trabanten.

Bei der Beziehung zu Schiller kam ein erschwerender Umstand hinzu: Schiller war im letzten Jahrzehnt seines Lebens ein außerordentlich erfolgreicher Autor, dessen zwischen 1799 und 1804 in schneller Folge vollendete Dramen (»Wallenstein«, »Maria Stuart«, »Die Jungfrau von Orleans«, »Die Braut von Messina« und »Wilhelm Tell«) die etwa gleichzeitig publizierten Arbeiten Goethes im Bewußtsein der Öffentlichkeit weit in den Schatten stellten.

Vor allem entsprachen Schillers Dramen, die den nationalen Widerstand gegen die Fremdherrschaft verherrlichten (also die »Jungfrau« und der »Tell«), dem Zeitgeist, zumal der bei der jungen Generation vorherrschenden Stimmung: Hier fanden die Leser und die Zuschauer die unmißverständliche Widerspiegelung der aktuellen geschichtlichen Situation. Goethe hingegen war in diesen Jahren ein berühmter, doch erfolgloser Außenseiter, er galt als einer, der sich mit der Gegenwart nicht abfinden wollte, als trotziger Eskapist.

So war es für Schiller nicht ganz einfach, zwischen Goethe und Cotta zu vermitteln. Er warnte diesen vor jenem und jenen vor diesem und ermunterte doch beide zur Zusammenarbeit. Auf Cottas Aufrichtigkeit könne man sich – so schrieb er an Goethe – zwar verlassen, aber nur deshalb, weil er »mehr Eitelkeit als Eigennutz«[29] habe. Er schätzte Cottas Brauchbarkeit hoch ein, äußerte sich aber über dessen Charakter skeptisch – so in einem Brief an Goethe, in dem er sich eines nicht unbedingt gelungenen Bildes bediente: »Cotta mag immer aus derselben Druckerpresse kalt und warm blasen.«[30]

Anderseits hielt es Schiller für angebracht, Cotta über Goethe zu belehren: »Es ist, um es geradeheraus zu sagen, kein guter Handel mit G. zu treffen, weil er seinen Werth ganz kennt und sich selbst hoch taxiert und auf das Glück des Buchhandels, davon er überhaupt nur eine vage Idee hat, keine Rücksicht nimmt. Es ist noch kein Buchhändler in Verbindung mit ihm geblieben. Er war noch mit keinem zufrieden und mancher mochte auch mit ihm nicht zufrieden seyn. Liberalität gegen seine Verleger ist seine Sache nicht.«[31]

Mehrfach machte Schiller Cotta darauf aufmerksam, daß Goethe an Geld sehr interessiert sei und man mit entsprechenden Angeboten viel bei ihm erreichen könne: »Was seine prosaischen Aufsätze anbetrifft« – schrieb Schiller an Cotta Ende 1794 –, »so würde es eine sehr gute Wirkung thun, wenn Sie ihm beym Abschluß der Rechnung nach der Oster-Messe von freyen Stücken etwas zu dem ausgemachten Honorar zulegten. Sie legten ihm dadurch eine Verbindlichkeit auf, die Sie nicht viel kostete ...«[32]

Vor allem möchte Schiller, daß Cotta sich um den »Faust« bemühe: Dieser werde – so Schiller im Dezember 1789 – »freilich eine kostbare Unternehmung seyn«. Denn »das Werk ist weitläufig« und Goethe »rechnet auf ein derbes Honorar«. Es sei »aber auch ein ungeheurer Absatz zu erwarten«.[33] Im März 1800 wird Schiller noch deutlicher: »Ich fürchte, Goethe läßt seinen Faust, an dem schon so viel gemacht ist, ganz liegen, wenn er nicht von außen und durch anlockende Offerten veranlaßt wird, sich noch einmal an diese große Arbeit zu machen und sie zu vollenden ... Er rechnet freilich auf einen großen Profit, weil er weiß, daß man in Deutschland auf dieses Werk sehr gespannt ist. Sie können ihn, das bin ich überzeugt, durch glänzende Anerbietungen dahin bringen, dieses Werk in diesem Sommer auszuarbeiten.«[34]

Cotta schreibt an Goethe prompt und etwas scheinheilig: »Wahrscheinlich haben Euer Excellenz während des Winters den Faust seiner Vollendung nahe gebracht ...« – und offeriert ihm viertausend »Reichs Geld«.[35] Als ein halbes Jahr später das Manuskript immer noch nicht zu sehen ist, bittet er Goethe um die Erlaubnis, die bevorstehende Veröffentlichung des Werks mit einer »vorläufigen Anzeige« ankündigen zu dürfen.[36] Wie man sieht, wurden die heute üblichen Methoden, prominente, doch säumige Autoren unter Druck zu setzen, schon damals praktiziert – in diesem Fall allerdings ohne Erfolg.

Schillers Geduld war bald am Ende: Er, der gerade in dieser Zeit mit seinen Tragödien gut vorankam, hatte kein Verständnis für Goethes Zögern, für seine Schwierigkeiten und Krisen. Und so wie heute Schriftsteller hinter vorgehaltener Hand gern erzählen, dieser oder jener berühmte Kollege sei leider schon ganz am Ende und von ihm sei nichts mehr zu erwarten, so informierte auch Schiller Cotta im Dezember 1801, Goethe arbeite überhaupt nicht mehr und mache »auch keine Anstalten dazu«. Er fürchtete, »daß nichts mehr zustande kommen wird, wenn nicht eine große Veränderung mit ihm vorgeht. Er ist zu wenig Herr über seine Stimmung, seine Schwerfälligkeit macht ihn unschlüssig«, er zerstreue sich zu sehr.[37] Übrigens irrte sich Schiller nicht nur bezüglich des künftigen Werks von Goethe, sondern auch bezüglich seiner aktuellen Produktion: Im Jahre 1801 hatte Goethe ergiebig gearbeitet, unter anderem an der »Natürlichen Tochter«, die sich allerdings als eine der vielen erfolglosen Arbeiten des »Werther«-Autors erwiesen hat.

Im Mai 1802 zweifelte Schiller (wieder im Brief an Cotta), ob Goethe je den »Faust« vollenden werde. Auf jeden Fall solle sich Cotta hinsichtlich des Finanziellen keine Illusionen machen: »Seine Forderungen werden groß seyn.«[38] In der Tat zeigt der Briefwechsel Goethe – Cotta, mit welcher Umsicht und Beharrlichkeit Goethe an seinen Vorteil dachte.

Während sich der Verleger bei dieser oder jener Gelegenheit brüstete, er sei bemüht, »aus der gewöhnlichen Schranke des calculirenden Kaufmanns zu treten«[39], betonte Goethe – um die bei marxistischen Theoretikern so beliebte Vokabel zu verwenden – den Warencharakter seiner literarischen Produkte: So bat er Cotta zu prüfen, ob eine italienische Übersetzung von »Hermann und Dorothea« »bey den gegenwärtigen Neygungen des Publikums eine verkäufliche Waare seyn könne«[40].

Je härter Goethes Forderungen waren, desto delikater wurden seine epistologischen Introduktionen. 1812 schrieb er aus Karlsbad, er fühle immer aufs neue, wie peinlich es sei, »mit Personen, mit denen man nur in sittlichem Verhältnis zu stehen wünscht, über öconomische Gegenstände zu handeln«. Aber schon im übernächsten Satz ließ er Cotta wissen, er werde seine »biographischen Arbeiten vorerst nicht weiter publiciren, wenn Ew. Wohlgeboren den Band nicht mit zweytausend Thalern honorieren können, so dass ich auch auf den ersten fünfhundert Thaler Nachschuss erhielte«[41]. Cotta akzeptierte sofort – es handelte sich immerhin um »Dichtung und Wahrheit« –, bemerkte jedoch, wie es sich für einen Verleger schickt, »daß der Kaufmann hier ganz leer ausgeht«[42].

Erpressungen waren, wie man sieht, Goethe nicht fremd, und Cotta hat sich von ihm auch oft genug erpressen lassen. Als er wegen der Ausgabe letzter Hand verhandelte – »eine Ausgabe, die man ohne Anmaßung eine *National-Angelegenheit* nennen darf«, wie Goethe unbescheiden und doch treffend schrieb –, wurde er von seinem Autor drohend belehrt, daß »man sich in den letzten Zeiten vor gesteigerten Anerbietungen, sogar mit höchster Empfehlung, kaum zu retten weiß«[43].

Und als Goethe Cotta die Korrespondenz mit Schiller anbot, schickte er ihm nur einige von den neunhundert Manuskriptblättern: Das Ganze könne er erst nach Erhalt einer »Assignation auf die verlangte Summe von Acht Tausend Thalern« liefern.[44] Cotta antwortete mit würdevoller Entrüstung, er sei bei einem Werk »von solchen Meistern« bereit, von der Regel abzusehen (»eine Waare vorher zu beschauen, ehe man sie kauft und bezahlt«), doch sei für ihn Goethes Mißtrauen nach dreißigjähriger Zusammenarbeit »die schmerzhafteste Erfahrung«[45]. Aber er akzeptierte auch diesmal dessen Bedingungen.

Der Briefwechsel mit Schiller erwies sich indes als kommerzieller Fehlschlag. Goethe hatte über das »wundersame Manuscript« geschrieben: »Es wird im Augenblick die Neugierde befriedigen und für die Folge in literarischer, philosophischer, ästhetischer Hinsicht, ja nach vielen anderen Seiten hin höchst wirksam bleiben.«[46] Das war keineswegs übertrieben. Nur wollte das deutsche Volk von diesem Meisterwerk deutscher Essayistik vorerst nichts wissen: Cotta ließ dreitausend Exemplare drucken, von denen er – wie er Goethe im März 1830 mitteilte – kaum neunhundert absetzen konnte.

Die vom deutschen Buchhandel so gern besungene langjährige Zusammenarbeit zwischen Goethe und Cotta war also nur möglich, weil der Verleger immer tat, was der Autor wünschte. Dabei hatte es Cotta nicht leicht. Auch wenn Goethe in dieser Hinsicht nicht ganz so pedantisch war wie Schiller, so überließ er doch kaum ein Detail der Ausstattung und der Typographie seiner Arbeiten dem Verleger.

Dieser mußte ihm vor jeder Publikation erst einmal Druckmuster und Papierproben vorlegen.

Anderseits waren Goethes Anweisungen nicht immer exakt. Als er Cotta das Manuskript von »Wilhelm Meisters Lehrjahren« zuschickte und ihn bat, sich nun das »Arrangement« zu überlegen, fügt er knapp hinzu: »Ich wünsche, daß das Ganze heiter aussehen möge.«[47] Als jedoch Cotta den »Faust« zu illustrieren gedachte, wollte Goethe davon nichts wissen: »Es ist so schwer, daß etwas geleistet werde, was dem Sinne und dem Tone nach zu einem Gedicht paßt. Kupfer und Poesie parodieren sich gewöhnlich wechselweise. Ich denke, der Hexenmeister soll sich allein durchhelfen.«[48]

Auf Druckfehler reagierte Goethe sehr empfindlich, die Zeichensetzung hingegen war für ihn weniger wichtig. Während manche unserer heutigen Schriftsteller auf die Interpunktion zumindest teilweise verzichten möchten und damit nur die Lesbarkeit ihrer Texte reduzieren, schrieb Goethe, er lasse »dem Herrn Corrector die völlige Freyheit in gewissen Fällen nach eigenem Urteil ein Comma herzustellen«[49].

Oft mußte der Verleger die Aufgaben einer Bank erfüllen: Rechnungen aus Süddeutschland, etwa von Weinlieferanten oder Kunsthändlern, ließ Goethe von Cotta begleichen. War sein Konto überzogen, so verfügte er, »das was ich Ihnen schuldig bleibe allenfalls Herrn Hofrath Schiller zuzurechnen mit dem ich alsdann schon überein kommen will«[50].

1806 beanstandete Goethe, daß in der von Cotta verlegten »Allgemeinen Zeitung« seit einiger Zeit »Weimar, seine Verhältnisse, seine fürstlichen Personen, seine Privatleute sehr unschicklich und unanständig behandelt werden«. Cotta habe, verlangte Goethe, »diesen unwürdigen Redereyen ein Ende« zu machen. Der Brief schließt nicht etwa mit einem Gruß oder mit einer Höflichkeitsfloskel, sondern mit den rüden Worten: »Nicht weiter!«[51] Cotta reagierte auf die Drohung devot und zerknirscht und sorgte dafür, daß in Zukunft in den von ihm verlegten Journalen über die Verhältnisse in Sachsen-Weimar nur das publiziert wurde, was Goethe selber schrieb oder zumindest akzeptierte.

Und wie er keine Bedenken hatte, höchstpersönlich als Zensor zu fungieren, so war auch Goethe nicht eben ein Gegner der behördlichen Zensur. Ihm und seinem Verleger machten die damals üblichen Nachdrucke oft zu schaffen. Cotta konnte jedoch (im Einvernehmen mit Goethe) veranlassen, daß die Zensur die Nachdrucke verhinderte, indem sie das Imprimatur verweigerte. 1809 klagte er seinem Autor: »Nun kommen die Franzosen und in der schönen Absicht den Censurzwang aufzuheben, erlauben Sie Drukfreiheit.«[52] Wenig später hat er für Goethe »die angenehme Nachricht«, daß »die wieder eingetrettene öster. Censur den Nachdruck von Hochdero Werken verhindern wird«[53]. Goethe nahm derartiges nicht ohne Genugtuung zur Kenntnis, denn er meinte ohnehin: »Was haben die Deutschen an ihrer charmanten Preßfreiheit gehabt? als daß jeder über den andern so viel Schlechtes und Niederträchtiges sagen konnte, als ihm beliebte.«[54]

In der Geringschätzung des Publikums waren sich beide – Goethe und Cotta – stets einig. Als sich die von Goethe redigierte kunsttheoretische Zeitschrift »Propyläen« als nahezu unverkäuflich erwies – trotz intensiver Bemühungen fanden sich Abnehmer nur für 450 Exemplare pro Heft –, schrieb Cotta, er habe, da er den »falschen elenden Geschmack unsers teutschen Publikums« kenne, von Anfang an keinen Gewinn erwartet, »allein *so* glaubte ich doch nicht, dieses Publikum entgeistet und geschmacklos, wie es sich nun zeigte ...«.[55]

Die Verachtung der Leser hat Goethe nicht gehindert, »eine schnelle und weite Verbreitung« seiner Schriften zu wünschen. Er forderte Cotta auf, Exemplare seiner Werke auch nach England, Frankreich und Italien zu schicken. Als dieser das »Faust«-Fragment in einer Einzelausgabe drucken wollte, antwortete Goethe knapp: »Je weiter es ausgesät wird, desto besser ist es.«[56]

Da ihm daran gelegen war, viel gelesen und beachtet zu werden, fürchtet er die Kritik, die er bisweilen zu ignorieren versuchte und nie ignorieren konnte. Den 1970 und 1983 neu verlegten Briefen und Tagebüchern Sulpiz Boisserées kann man entnehmen, wie gereizt sich Goethe über die Kritik des Novalis und der beiden Schlegels äußerte und wie er ihnen mitunter verübelte, daß sie dieses oder jenes seiner Werke nicht rezensiert hätten. Auch für Goethe gilt die alte Regel des literarischen Lebens: Kein Echo ist ebenfalls ein Echo, und nichts klingt schriller in den Ohren des Autors als das Schweigen der Kritik.

In den »Noten und Abhandlungen zu besserem Verständnis des West-östlichen Divans« beklagte sich Goethe über »die Unbilden, die ich von meinen früheren Zeitgenossen zu erdulden hatte« und tröstet sich, daß ihn nachwachsende Geschlechter dafür doppelt und dreifach entschädigen würden. In einem an Cotta gerichteten Brief aus dem Jahre 1816 glaubte er feststellen zu können: »Nun drängt sich auch zu mir das Zutrauen so vieler Jüngeren, die meinen guten Willen und meine Beharrlichkeit beachtend, sich an mich schliessen.«[57]

Derartige optimistische Hinweise lassen erkennen, wie sehr sich Goethe unterschätzt und verkannt fühlte. Als 1822 in Berlin Vorlesungen über seine Farbenlehre gehalten wurden, war der mittlerweile Dreiundsiebzigjährige glücklich: Nun dürfe er – schrieb er an Cotta – »nach dreysigjähriger Nichtachtung« noch hoffen, »ein bedeutendes und gefährliches Spiel zu gewinnen«. Ebenso beglückte ihn »das Wohlwollen des Auslands, wovon ich die schönsten Beweise nach und nach dem Innlande vorlegen und meinen Freunden zeigen darf, daß sie nicht, wie man der Nation gerne möchte glauben machen, einem wertlosen Manne unvernünftigen Beyfall zollten«.[58] Einem wertlosen Manne? Die absurde Formulierung ist gewiß nicht frei von Koketterie, und dennoch scheint sie symptomatisch für das mißtrauisch-enttäuschte Verhältnis des alten Goethe zu seiner deutschen Umwelt.

Übrigens beruht die weit verbreitete Ansicht, daß mit zunehmendem Alter eines Künstlers dessen Abhängigkeit von Zustimmung und Beifall sich eher mindere, auf einem simplen Irrtum. In der Regel trifft, wie auch das Beispiel Goethes lehrt, eher das Gegenteil zu. Noch der Achtzigjährige bittet Cotta um eine detaillierte Aufstellung, der er entnehmen könne, wie viele Exemplare seiner Werke in den einzelnen Provinzen und Städten verkauft wurden: »Der Autor mag doch gern erfahren wo die größte

Gunst für ihn in seinem Vaterlande sich hervorthut.«[59]

Gerade in seinen letzten Jahren und Monaten sprach er immer wieder über die Mißgunst und den Haß seiner Zeitgenossen. »Wollen Sie aber wissen, was ich gelitten habe« – sagte er 1830 zu Eckermann –, »so lesen Sie meine ›Xenien‹, und es wird Ihnen aus meinen Gegenwirkungen klar werden, womit man mir abwechselnd das Leben zu verbittern gesucht hat.«[60] Und wenige Monate vor seinem Tod schrieb er an Boisserée: »Sogar als Dichter, der sein Licht nicht unter den Scheffel setzen will, mußt ich verzweifeln, indem ich auf die nächste unmittelbare Teilnahme Verzicht tat.«[61]

Dies ist auch die tiefste Ursache der vielen mißbilligenden und rabiaten Äußerungen Goethes über Deutschland und die Deutschen: Er war im Alter überzeugt, er habe sein Leben inmitten von Barbaren verbracht. Und er scheute sich nicht, die Unkenntnis seines poetischen Werks für den Beweis und den Gradmesser dieser Barbarei zu halten.

Im Gespräch mit dem Weimarer Schriftsteller Johann Daniel Falk sagte er über seine Landsleute: »Sie mögen mich nicht! ... Ich mag sie auch nicht! Ich habe es ihnen nie recht zu Danke gemacht!«[62] Und 1830 sprach er zu Eckermann von dem alten Haß, »mit dem man mich seit Jahren verfolgt und mir im stillen beizukommen sucht. Ich weiß recht gut, ich bin vielen ein Dorn im Auge, sie wären mich alle sehr gern los.«[63] Als Goethe am 22. März 1832 starb, hat eine der wichtigsten deutschen Zeitschriften, das in Stuttgart erscheinende »Literaturblatt«, diese Tatsache mit keinem Wort erwähnt.

Jedes Volk, heißt es, hat die Literatur, die es zu haben verdient. Wenn dies zutrifft, dann haben die Deutschen eine bessere.

1982

Anmerkungen

1 *Literaturmagazin 2. Von Goethe lernen?* Fragen der Klassikrezeption. Herausgegeben von Hans Christoph Buch. Das neue Buch 49, Rowohlt Taschenbuchverlag, Reinbek bei Hamburg 1974.
2 Leo Kreutzer: *Mein Gott Goethe.* Essays. Das neue Buch 136, Rowohlt Taschenbuchverlag, Reinbek bei Hamburg 1980, S. 153 f.
3 Victor Hehn: *Gedanken über Goethe.* Borntraeger Verlag, Berlin 1887, S. 170.
4 *Goethes Gespräche.* Eine Sammlung zeitgenössischer Berichte aus seinem Umgang. Auf Grund der Ausgabe und des Nachlasses von Flodoard Freiherrn von Biedermann er-

gänzt und herausgegeben von Wolfgang Herwig. Zweiter Band 1805-1817. Artemis-Verlag, Zürich und Stuttgart 1969, S. 393.

5 Ebenda, S. 866.
6 Johann Peter Eckermann: *Gespräche mit Goethe in den letzten Jahren seines Lebens.* Mit einer Einführung herausgegeben von Ernst Beutler. Artemis-Gedenkausgabe, Band 24, S. 702.
7 Ebenda, S. 703 f.
8 Ebenda, S. 229.
9 Thomas Mann: *Reden und Aufsätze I* (Gesammelte Werke in dreizehn Bänden, Band IX). Zweite, durchgesehene Auflage, S. Fischer Verlag, Frankfurt/Main 1974, S. 719.
10 Ebenda, S. 755.
11 *Der Briefwechsel zwischen Schiller und Goethe.* Herausgegeben von Emil Staiger. Zweiter Band. Insel Verlag, Frankfurt/Main 1966, S. 929.
12 *Schillers Werke* (Vierter Band: *Schriften*). Insel Verlag, Frankfurt/Main 1966, S. 372.
13 Klabund: *Literaturgeschichte.* Die deutsche und die fremde Dichtung von den Anfängen bis zur Gegenwart. Herausgegeben von Ludwig Goldscheider. Phaidon-Verlag, Wien 1929, S. 186.
14 Eckermann: *Gespräche mit Goethe in den letzten Jahren seines Lebens.* A.a.O., S. 732.
15 Adam Müller: *Kritische, ästhetische und philosophische Schriften.* Band 2. Kritische Ausgabe herausgegeben von Walter Schroeder und Werner Siebert. Hermann Luchterhand Verlag, Neuwied und Berlin 1967, S. 210.
16 *Goethes Briefe.* Band III. Textkritisch durchgesehen und mit Anmerkungen versehen von Bodo Morawe. Christian Wegner Verlag, Hamburg 1965, S. 117.

17 Eckermann: *Gepräche mit Goethe in den letzten Jahren seines Lebens.* A.a.O., S. 294.
18 Mann: *Reden und Aufsätze I.* A.a.O., S. 348.
19 Goethe und Cotta: *Briefwechsel 1797–1832.* Textkritische und kommentierte Ausgabe in drei Bänden. Herausgegeben von Dorothea Kuhn. J. G. Cotta'sche Buchhandlung Nachfolger, Stuttgart 1979.
20 Ebenda, Band 1, S. 68.
21 *Der Briefwechsel zwischen Schiller und Goethe.* Erster Band. A.a.O., S. 465.
22 Goethe und Cotta: *Briefwechsel 1797–1832.* Band 1. A.a.O., S. 17.
23 Ebenda, S. 198.
24 Ebenda.
25 Ebenda, S. 91.
26 Ebenda, S. 88.
27 Friedrich Schiller: *Briefe.* Herausgegeben von Gerhard Fricke. Carl Hanser Verlag, München 1955, S. 191.
28 Ebenda, S. 193.
29 *Der Briefwechsel zwischen Schiller und Goethe.* Erster Band. A.a.O., S. 175.
30 Ebenda. Zweiter Band, S. 552.
31 *Briefwechsel zwischen Schiller und Cotta.* Herausgegeben von Wilhelm Vollmer. Verlag der J. G. Cotta'schen Buchhandlung, Stuttgart 1876, S. 455.
32 Ebenda, S. 45.
33 Ebenda, S. 330.
34 Ebenda, S. 375.
35 Goethe und Cotta: *Briefwechsel 1797–1832.* A.a.O., Band 1, S. 64.
36 Ebenda, S. 73.

37 *Briefwechsel zwischen Schiller und Cotta.* A. a. O., S. 439.
38 Ebenda, S. 455.
39 Goethe und Cotta: *Briefwechsel 1797–1832.* A. a. O., Band 1. S. 191.
40 Ebenda, S. 93.
41 Ebenda, S. 243.
42 Ebenda.
43 Ebenda, S. 143 f.
44 Ebenda, S. 223.
45 Ebenda, S. 226.
46 Ebenda, S. 223.
47 Ebenda, S. 127.
48 Ebenda, S. 133.
49 Ebenda, S. 17.
50 Ebenda, S. 31.
51 Ebenda, S. 148 f.
52 Ebenda, S. 199.
53 Ebenda, S. 204.
54 *Goethes Gespräche.* Zweiter Band 1805–1817. A. a. O., S. 472.
55 Goethe und Cotta: *Briefwechsel 1797–1832.* A. a. O., Band 2, S. 24.
56 Ebenda, S. 170.
57 Ebenda, S. 24.
58 Ebenda, S. 92.
59 Ebenda, S. 254.
60 Eckermann: *Gespräche mit Goethe in den letzten Jahren seines Lebens.* A. a. O., S. 732.
61 *Goethes Briefe.* Band IV. Textkritisch durchgesehen und mit Anmerkungen versehen von Karl Robert Mandelkow. A. a. O., S. 461.

62 *Goethe über die Deutschen.* Herausgegeben von Hans-J. Weitz. Insel Verlag, Frankfurt/Main 1978, S. 47.
63 Eckermann: *Gespräche mit Goethe in den letzten Jahren seines Lebens.* A.a.O., S. 732.

Der Verächter der Kritik

Auch wer nichts über Goethes Verhältnis zur Kritik weiß, der kennt seine Verszeile: »Schlagt ihn tot, den Hund! Es ist ein Rezensent.« Sie erfreute sich schon im neunzehnten Jahrhundert außerordentlicher Beliebtheit, wurde immer häufiger und mit beinahe wollüstiger Schadenfreude zitiert und gehört nach wie vor zum Standardrepertoire deutscher Feuilletons. Die kernige und nicht gerade menschenfreundliche Aufforderung stammt aus einem kleinen Gedicht, das der Vierundzwanzigjährige wohl im Zorn und Übermut geschrieben hat. Haben wir es hier mit einer derben, letztlich belanglosen Entgleisung des jungen Goethe zu tun?

Künste und Wissenschaften – heißt es in »Wilhelm Meisters Wanderjahren« – erreiche man durch Denken, nicht aber die Poesie. Diese sei »Eingebung« und werde »in der Seele empfangen«.[1] Wann immer Goethe von der Entstehung seiner Werke sprach, betonte er vor allem die Rolle der Inspiration, ohne die Leistung des kontrollierenden Verstands auch nur erwähnen zu wollen. Den »Werther« – lesen wir in »Dichtung und Wahrheit« – habe er »ziemlich unbewußt, einem Nachtwandler ähnlich, geschrieben«.[2] Seine Gedichte – berichtete er in einem Gespräch mit Eckermann – seien plötzlich über ihn gekommen, »so daß ich sie auf der Stelle instinktmäßig und traumartig niederzuschreiben mich getrieben fühlte«. Auch hier ist von einem »nachtwandlerischen Zustande« die Rede.[3] Und in einem Brief an Schiller meinte er, »daß alles, was das Genie, als Genie, tut, unbewußt geschehe«, woraus folge, daß kein Werk eines Genies durch Reflexion verbessert und von seinen Fehlern befreit werden könne.[4] Mehr noch: Der poetischen Schöpfung sei durch Reflexion überhaupt nicht beizukommen. Sein »Wilhelm Meister« gehöre, sagte er, »zu den inkalkulabelsten Produktionen, wozu mir fast selbst der Schlüssel fehlt«[5] – und es scheint, daß er darauf stolz war. Der »Faust« sei »doch ganz etwas Inkommensurables«; alle Versuche, das große Drama dem Verstand näher zu bringen, seien vergeblich.[6] Ja, Goethe ging sogar so weit, kurzerhand zu erklären: »Je inkommensurabler und für den Verstand unfaßlicher eine poetische Produktion, desto besser.«[7]

Wer solchen Anschauungen huldigt, der kann sich schwerlich den reflektierenden, den nüchtern prüfenden, den kritischen Leser wünschen. Und wer meint, die Werke der Kunst glichen den Schöpfungen der Natur und sollten wie diese behandelt werden – Goethe hat derartige Gedanken wiederholt geäußert –, der braucht ein Publikum, das die Dichtung akzeptiert und rezipiert, ohne viel zu fragen oder gar zu zweifeln. Wenn man aber den Deutschen eine Blume zeige – bedauerte Goethe –, dann wollten sie gleich wissen, ob sie rieche und ob sie sich zur Zubereitung von Tee eigne.[8] Am liebsten seien ihm jene Leser, die dem Autor keinerlei Widerstand leisteten, die sich ihm ohne Vorbehalt auslieferten und sich in einem Buch ganz und gar verlieren könnten. Noch der alte Goethe verübelte den Deutschen ihre angebliche Neigung, überall tiefe Gedanken und Ideen zu suchen: »Ei, so habt doch endlich einmal die Courage« – appellierte er an Eckermann – »euch den Eindrücken hinzugeben, euch ergötzen zu lassen, euch rühren zu lassen, euch erheben zu lassen, ja euch belehren und zu etwas Großem entflammen und ermutigen zu lassen.«[9]

Wer aber nach dem möglichst willfährigen und gefügigen Leser ruft, der will auch von der Institution der Kritik nichts wissen: Er muß sie als überflüssig und lästig empfinden, wenn nicht gar für schädlich halten. Wozu sollte sie denn gut sein? Da dem Genie Geschmack angeboren sei – meinte Goethe –, habe in musischen Fragen nur der Künstler zu entscheiden, auch »die schätzbarste Teilnahme« – so in einem Brief an Schiller – könne ihn nichts lehren, mit keiner

Art von Tadel werde ihm geholfen.[10] Und dem Publikum – ist ihm ebenfalls nicht zu helfen? Tatsächlich belehrte Goethe den Kanzler von Müller, daß man ein literarisches Kunstwerk, zumal ein bedeutendes, gar nicht beurteilen könne. Sein Rezept lautete: »Man lese ein Buch und lasse es auf sich einwirken, gebe sich dieser Einwirkung hin; so wird man zum richtigen Urteil darüber kommen.«[11]

Das Mephisto-Wort »Grau, treuer Freund, ist alle Theorie« erklärt auch die tiefste Ursache der gleichsam elementaren und lebenslangen Abneigung Goethes gegen die Kritik ästhetischer Gegenstände – einer Abneigung, die oft genug in Widerwillen und Haß überging. Er war wirklich der Ansicht, daß das Theoretisieren bloß vom Mangel an Produktionskraft zeuge und den Weg zum wahren Genuß des literarischen Werks versperre. Theorie und Genuß, Kritik und Glaube – das sind in Goethes Überlegungen Begriffspaare und Gegensätze zugleich. Ein Kerl, der spekuliert, sei »wie ein Tier, auf dürrer Heide / Von einem bösen Geist im Kreis herumgeführt, / Und ringsumher liegt schöne, grüne Weide«. Das kalte Analysieren könne, Goethe zufolge, die Poesie bloß zerstören: »Es blieben nur Scherben übrig, die zu nichts dienen und nur inkommodieren.«[12] »Zerstückeln« und »zersplittern« waren die Verben, die er mit Vorliebe gebrauchte, wenn er auf die Kritik zu sprechen kam. Als er 1797 zum zweiten Mal in seinem Leben die Poetik des Aristoteles studierte, habe ihn – so informierte er den Kollegen Schiller – ganz besonders der Umstand erquickt, daß der Philosoph die Dichter »gegen Grübler und Krittler« in Schutz nehme.[13] »Das ewige Opponieren und übellaunige Kritisieren und Negieren« – bekannte er in einem Gespräch – sei ihm zuwider.

Wie aber solle man gegen die »mißlaunischen Krittler« vorgehen, also gegen die Rezensenten, deren Ansichten und Urteile Goethe nicht genehm waren? Er empfahl, diese »Krittler« ganz einfach aus der Gesellschaft zu entfernen wie jeden, »dessen vernichtende Bemühungen nur die Handelnden mißmutig, die Teilnehmenden lässig und die Zuschauer mißtrauisch und gleichgültig machen könnten«.[14] So lesen wir es in Goethes aus dem Jahr 1795 stammendem Essay »Literarischer Sansculottismus«, einem heftigen Pamphlet zur aktuellen Situation der deutschen Schriftsteller. Mit welchen Mitteln er selber unwillkommene Kritiker mundtot machte, zeigte sich wenig später.

Im Januar 1802 inszenierte Goethe in dem von ihm geleiteten Weimarer Theater die Uraufführung der Tragödie »Ion« von August Wilhelm Schlegel. Dem Kritiker Karl August Böttiger mißfiel diese Darbietung; er verfaßte eine umfangreiche und recht ungünstige Rezension für das »Journal des Luxus und der Moden«. Goethe erfuhr davon und zögerte keinen Augenblick, die Veröffentlichung dieser Rezension zu verhindern. Dem Redakteur des »Journals«, Friedrich Justin Bertuch, teilte er am 12. Januar 1802 mit, »daß wenn Sie nicht selbst geneigt sind, die Sache zu remidieren und den Aufsatz zu unterdrücken, ich sogleich an Durchlaucht den Herzog gehe und alles auf die Spitze setze. Denn ich will entweder von dem Geschäft sogleich entbunden oder für die Zukunft vor solchen Infamien gesichert sein.« Der Brief endet mit einem Ultimatum: »Ich erbitte mir vor vier Uhr Ihre Erklärung darüber. Mit dem Schlage geht meine Vorstellung an Durchlaucht den Herzog ab.«[15]

Der Redakteur Bertuch kapitulierte, der beanstandete Artikel erschien im »Journal des Luxus und der Moden« nicht. Das allerdings genügte Goethe keineswegs. Gleich am nächsten Tag, dem 13. Januar 1802, wandte er sich an seinen alten Duzfreund Wieland, der in Weimar den »Neuen Teutschen Merkur« herausgab. In dieser Zeitschrift könnte der »niederträchtige Mensch« Böttiger, befürchtete Goethe, die vom »Journal« abgelehnte Rezension doch noch unterbringen wollen. Sollte dieser »Tigeraffe« das tun wollen – schrieb Goethe an Wieland –, »so wünschte ich nicht, daß er den Merkur zum Gefäß seiner Unreinigkeiten ersehe«.[16] Wieland dachte nicht daran,

Goethe zu verärgern, die Rezension wurde auch im »Neuen Teutschen Merkur« nicht publiziert. Das Ganze hatte übrigens noch ein Nachspiel. Das Theaterreferat im »Journal« wurde dem Kritiker Böttiger ganz und gar entzogen, und der es jetzt übernahm, war kein anderer als der Theaterdirektor in eigener Person, also Goethe.

Dennoch sollte man nicht annehmen, er, der die Institution der Kritik immer wieder diffamierte und offen bekämpfte, habe sie abschaffen wollen. Er wollte sie nur anders haben. Wie die Kritik sein sollte, wie er sie sich vorstellte, das läßt sich seinen Rezensionen kaum entnehmen. Ihre Zahl ist nicht klein, ihre Bedeutung indes nur gering. Ihn hat die literarische Arbeit nie wirklich interessiert. »Leider muß ich nun die schönen Stunden mit Rezensionen verderben ...«[17] – klagte der junge Goethe in einem Brief an Kestner. Noch Jahrzehnte später bemerkte er ohne Reue, das Rezensieren sei niemals seine Stärke gewesen. Von den in seinen Anfängen, in der Zeit bis 1772 für die »Frankfurter Gelehrten Anzeigen« verfaßten Besprechungen rückte er im Alter entschieden ab. Er verspottete sie als »Ergießungen meines jugendlichen Gemüts«. In ihnen sei »so wenig ein Eingehen in die Gegenstände als ein gegebener, in der Literatur begründeter Standpunkt, von wo aus wären diese zu betrachten gewesen, sondern alles beruhet durchaus auf persönlichen Ansichten und Gefühlen«.[18]

Dies gilt mehr oder weniger für das gesamte literarkritische Œuvre Goethes. Nie bemüht er sich, auf die Gegenstände näher einzugehen oder sie gar zu analysieren. Und bisweilen ist er bereit, dies offen zuzugeben. Einen Aufsatz aus dem Jahre 1824 beginnt er mit dem Hinweis, man habe festgestellt, daß er statt über Bücher zu urteilen, bloß über den Einfluß schreibe, den diese auf ihn ausgeübt hätten. Er bestreitet das nicht, er behauptet vielmehr, so täten es alle Lesenden.[19] Alle? Auch die Kritiker? Sind es immer nur Rapporte über persönliche Lektüreerlebnisse, gibt es überhaupt keine objektiven Gesichtspunkte, keine Maßstäbe? Sicher ist: Goethes Meinungen über einzelne Bücher lassen sich von seinen Ansichten über deren Autoren nicht trennen. Und diese Ansichten wiederum hängen, wenn es sich um Zeitgenossen handelt, meist mit deren Verhältnis zu ihm zusammen. Ein Beispiel für viele: Er hat Byron bewundert, vielleicht sogar aufrichtig. Nur darf man nicht vergessen, daß Byron für Goethe geschwärmt und ihm überdies eines seiner Werke gewidmet hat.

Wie wenig er bereit oder imstande war, die Eigenart anderer Genies zu erkennen und ihnen gerecht zu werden, beweisen seine mitunter verblüffenden Äußerungen über Shakespeare. Er hat ihn geschätzt und gerühmt, er hat über ihn, zumal über den »Hamlet«, geistreich und wunderbar geschrieben. Aber in seinem Essay »Shakespeare und kein Ende« lesen wir den entwaffnenden, den wahrhaft umwerfenden Satz: »So gehört Shakespeare notwendig in die Geschichte der Poesie; in der Geschichte des Theaters tritt er nur zufällig auf.«[20] Noch zu Goethes Lebzeiten hatte Ludwig Tieck ohne Umschweife erklärt, warum dieser »den größeren Dramatiker nie eigentlich verstehen« könne: »Ihn stört es immerdar, daß Shakespeare so durchaus nirgend Goethe ist.«[21]

Nie hatte Goethe Lust, sich systematisch mit der deutschen und der ausländischen Literatur auseinanderzusetzen. Die Namen vieler wichtiger Schriftsteller der Epoche sucht man in seinen Briefen und Gesprächen ebenso vergeblich wie in jenen meist beiläufigen und auffallend flüchtigen Arbeiten, die als seine »Schriften zur Literatur« gesammelt wurden. Was er gelesen oder nicht gelesen hat – oft hing es, allem Anschein nach, vom Zufall ab. Auf der Suche nach einem gemeinsamen Nenner dieser disparaten Schriften haben die Germanisten auf die Idee der Weltliteratur verwiesen. Aber was bedeutet denn eigentlich dieser immer wieder beschworene Begriff, den Goethe erst im Alter – nämlich 1827 – geprägt und verwendet hat? Man beruft sich gern auf

Curtius, der die heikle Frage treffend, wenn auch sehr umständlich beantwortet hat: »Weltliteratur« sei bei Goethe »keine definitorische Abgrenzung, sondern Einheitspunkt vieler Bezüge, Zentrum divergierender Perspektiven: sie ist ein Aufgegebenes«.[22] Mit anderen Worten: Der alte Goethe hat postuliert, ohne zu definieren.

»Weltliteratur« ist ein unzweifelhaft hehrer Begriff, doch allzu vieles umfassend und allzu vage, um den Standort eines Kritikers hergeben oder auch nur andeuten zu können. Die Romantiker hatten schon recht, wenn sie, wie eben Ludwig Tieck, Goethes Anschauungen über Literatur nie sonderlich ernst nahmen und ihn als Kritiker nicht gelten lassen wollten. Und einer von ihnen, der große Friedrich Schlegel, wußte den Grund exakt zu benennen. Er notierte lapidar: »Goethe ist zu sehr Dichter, um Kunstkenner zu sein.«[23]

Dies hinderte Goethe natürlich nicht, an die Kritik Ansprüche und Forderungen zu stellen, die er meist in herrischem und gebieterischem Ton vorbrachte. Zunächst einmal: Angesichts eines Meisterwerks habe der Kritiker ehrfurchtsvoll die Waffen zu strecken. Klopstocks »Deutsche Gelehrtenrepublik«, 1774 gedruckt, nannte Goethe ein »herrlisches Werck« und »die Einzige Poetick aller Zeiten und Völcker«. Aus dem Rezensenten, der nach Lektüre dieses

Buches »nicht seine Federn wegwirft« und »alle Kritick und Kriteley verschwört«, werde nichts werden.[24] Goethe selber ist auf Klopstocks angeblich so herrliches Werk später noch einmal zu sprechen gekommen: in »Dichtung und Wahrheit«, wo er es ungleich zurückhaltender und keineswegs enthusiastisch beurteilt hat.[25]

Ähnliches empfahl Goethe, als Achim von Arnim und Clemens Brentano 1806 die Liedersammlung »Des Knaben Wunderhorn« herausbrachten. Den beiden aufstrebenden Poeten und Editoren war verständlicherweise an Goethes Beifall gelegen. Um sicherzugehen, widmeten sie ihm devotest den ersten Band der Sammlung. Sie verrechneten sich nicht. Goethe schrieb für die »Jenaische Allgemeine Zeitung« eine begeisterte Besprechung, ohne freilich zu vermerken, daß es ein ihm dezidiertes Buch war, das er so gütig und ausgiebig lobte. Und wieder einmal verkündete er, mit einem solchen Werk dürfe sich die Kritik überhaupt nicht befassen. Denn die beiden Herausgeber hätten es »mit so viel Neigung, Fleiß, Geschmack, Zartheit« ediert, »daß ihre Landsleute dieser liebevollen Mühe nun wohl erst mit gutem Willen, Teilnahme und Mitgenuß zu danken hätten«.[26] Nicht etwa Kritik und Dankbarkeit heißt also Goethes Losung, sondern Dankbarkeit statt Kritik. An derartigen Prinzipien hat er bis zum Ende seines

Lebens festgehalten: Das Vortreffliche – schrieb er 1827 in einem Brief an Zelter – »sollte durchaus nicht bekrittelt noch besprochen, sondern genossen und andächtig im stillen bedacht werden«.[27]

Wie aber, wenn das zur Debatte stehende Werk keineswegs vortrefflich war? Ein solches Werk, die Tragödie »Attila, König der Hunnen« von Zacharias Werner, wurde 1808 in Weimar aufgeführt. Die »Jenaische Allgemeine Zeitung« erhielt eine unfreundliche Rezension dieses Stücks. Der Redakteur, der natürlich wußte, daß Goethe den Dramatiker Werner schätzte, wollte sich eventuelle Unannehmlichkeiten ersparen und schickte ihm daher das Manuskript der Besprechung zu. Goethe antwortete sogleich: In der Kritik sei viel Wahres, viel, was auch er über das Stück denke. Trotzdem sei er gegen die Veröffentlichung, da die Rezension »nicht urteilend, aufbauend« sei, sondern »verdammend und vernichtend«.[28]

Nicht aufbauend? Was soll das bedeuten? Die Antwort finden wir in dem dreizehn Jahre später publizierten Artikel »Graf Carmagnola noch einmal«. Goethe unterscheidet hier zwischen zerstörender und produktiver Kritik. Die zerstörende nennt er jene, die »irgendeinen Maßstab« oder »irgendein Musterbild« aufstellt und dann das kritisierte Kunstwerk ablehnt, weil es diesem Maßstab nicht entspricht. »So befreit man sich« – schreibt Goethe –

»von aller Dankbarkeit gegen den Künstler.« Die produktive Kritik frage hingegen, was der Autor gewollt habe, ob dies vernünftig sei und inwiefern es ausgeführt wurde. Das mag einleuchtend klingen und ist doch eine fragwürdige Alternative. Mit der »Dankbarkeit gegen den Künstler« meint Goethe nicht etwa ein mögliches Ergebnis der kritischen Untersuchung, sondern deren offenbar unerläßliche Voraussetzung. Und wenn zu dieser Dankbarkeit gar kein Anlaß besteht? Eine einsichtige und liebevolle Beantwortung der aufgeworfenen Fragen wird verlangt, denn »so helfen wir dem Verfasser nach«. Kommt es darauf an? In der Tat meint Goethe, »daß man mehr um des Autors als des Publikums willen urteilen müsse«.[29]

Von hier aus erhalten denn auch die Kategorien »zerstörend« und »produktiv« ihren Sinn: Als ein produktiver Künstler bewährt sich derjenige, der sich bemüht, die Sache des Autors zu vertreten und ihm zu dienen. Was dieser beabsichtigt und geleistet hat, darf zwar kritisch kommentiert und sogar angezweifelt werden, die Ablehnung jedoch oder die Verneinung des behandelten Gegenstandes schließt Goethe von vornherein aus. Daß Kritiken zunächst einmal um der Literatur willen entstehen und mit dem Blick nicht auf den Autor geschrieben werden sollten, sondern auf die Leser – davon will er nichts wissen.

Wer immer in Deutschland die Kritik verleumden und bekämpfen wollte, konnte sich nun auf Goethes ebenso dubiose wie handliche, bequem zitierbare Formulierungen berufen. Und wer den Kritiker in die Schranken weisen oder ganz mundtot machen wollte, der konnte dessen Kompetenz mit Goethes Hilfe effektvoll in Frage stellen. Der Vater der deutschen Kritik, Lessing also, hatte einst gelehrt: »Ich finde meine Suppe versalzen: darf ich sie nicht eher versalzen nennen, als bis ich selbst kochen kann ...« Und: »Der Rezensent braucht nicht besser machen zu können, was er tadelt.«[30] Goethe indes dekretierte: »Niemand sollte über etwas urteilen, wenn er nicht zugleich bewiese, daß er es selbst machen könne.«[31]

Er kann nicht aufhören, den Kritiker als böswillig zu denunzieren: Für ihn ist der Autor ein Wohltäter, der den Lesern Freude bereitet, der Kritiker hingegen ein Störenfried und Spaßverderber. Aus dieser Sicht gewinnt das eingangs zitierte rabiate Gedicht gegen den Rezensenten an Ernsthaftigkeit und auch an Bedenklichkeit. Er habe, erzählt hier der junge Goethe, einen Kerl zu Gast gehabt, der, nachdem er sich »pump satt gefressen«, zum Nachbar gegangen sei, um über das Essen zu räsonieren:

Die Supp hätt können gewürzter sein,
Der Braten brauner, firner der Wein.

Der tausend Sackerment!
Schlagt ihn tot den Hund! Es ist ein Rezensent.

In simpler Verkürzung gibt diese berüchtigte Zeile die wahren Anschauungen Goethes in Sachen Kritik wieder: Auch der reife, der alte Goethe wollte das Kunstwerk – zumal wenn er es selber geschaffen hatte – als Gabe verstanden wissen, nach wie vor hielt er den Kritiker für einen undankbaren Kumpan, der es nicht wert war, daß man ihn beschenkte. Doch sollte man nicht ungerecht sein: Ein Dichter, der sich so leidenschaftlich mit seiner eigenen Person beschäftigte, der sie stets aufs neue als Ausgangspunkt für alle seine Überlegungen und als Thema für seine poetischen Arbeiten verwendete, ein solcher Dichter mußte wohl auf jeden Versuch, sein Werk kritisch zu analysieren, höchst empfindlich reagieren und jene, die dies wagten, zum Teufel wünschen.

Aber von Anfang bis zum Ende seiner langen schriftstellerischen Laufbahn war Goethe auf das öffentliche Echo angewiesen – und gerade deshalb hat er die Kritik immer gefürchtet. Als der Sechzehnjährige eine strenge Rezension seiner Hochzeitsgedichte gelesen hatte – so an die Schwester Cornelia –, »entfiel mir aller Muht, und ich brauchte ein halbes Jahr biß ich mich wieder erholen« konnte.[32]

Bleibt das Echo aus, dann ist auch der längst weltberühmte Autor Goethe empört und verzweifelt. In einem Brief an Schiller beschwert er sich über eine angeblich gegen ihn geführte »geheime Fehde des Verschweigens« und kündigt ungeniert Gegenmaßnahmen an: »Ich denke gegen Rezensenten, Journalisten, Magazinsammler und Kompendienschreiber sehr frank zu Werke zu gehen.«[34] Keinem werde er seine Renitenz passieren lassen. Einen dieser renitenten Schreiber nennt er gleich beim Namen. Es ist Lichtenberg. Er war so kühn, in einer Arbeit über Optik die Experimente Goethes unerwähnt zu lassen. In einem anderen Brief an Schiller ist vom »literarischen Faustrecht« die Rede, das noch nicht abgeschafft sei, und von der Befugnis, sich selbst Recht zu verschaffen.[35] Wenn sich die prominenten Kritiker der jüngeren Generation – die beiden Schlegels etwa oder Novalis – über seine Arbeiten skeptisch äußerten oder sie gar zu ignorieren wagten, war er in höchstem Maße verärgert. In »Dichtung und Wahrheit« verwies er auf große Dichter der Vergangenheit, auf Corneille, Racine und Voltaire – sie alle hätten unter der Kritik gelitten und seien gezwungen gewesen, sich gegen engstirnige Rezensenten zu verteidigen.[36] In den Gesprächen mit Eckermann beklagte er sich immer wieder, daß sein Werk die ihm gebührende Anerkennung nicht gefunden habe. In seinen letzten Lebensjahren sagte er einem Besucher, er sei in der gleichen Situation wie Voltaire, »der nichts heißer erstrebte als die Anerkennung derjenigen, die ihm ihren Beifall versagten«[37]. Auf Goethe trifft zu, was er den Carlos im Trauerspiel »Clavigo« aussprechen läßt: »Wenn die Menschen dich nicht bewundern, oder beneiden, bist du auch nicht glücklich.«

Schon zu seinen Lebzeiten nannte man ihn einen göttlichen Menschen. Mir mißfällt diese Bezeichnung. Denn Goethe war ungleich mehr: Er war unter allen großen Deutschen der menschlichste – menschlich in seiner Sehnsucht nach Liebe und Frauen, menschlich in seiner Angst vor Kritik, menschlich in seinem Bedürfnis nach Beifall, in seiner Empfänglichkeit für Lob und ein seiner Abhängigkeit vom Erfolg. Thomas Mann sprach in diesem Zusammenhang von Goethes »Schwachheit« und fügte, verständnisvoll und nicht ohne Zufriedenheit, hinzu: »Er ist sehr groß, aber er ist wie wir alle.«[38]

1984

Anmerkungen

1 Johann Wolfgang Goethe, *Gedenkausgabe der Werke, Briefe und Gespräche*. Herausgegeben von Ernst Beutler. Dritte Auflage. Artemis Verlag, Zürich 1976 ff., Band VIII, S. 515
2 Ebenda, Band X, S. 642.
3 Ebenda, Band XXIV, S. 726.
4 Ebenda, Band XX, S. 854.
5 Ebenda, Band XXIV, S. 141.
6 Ebenda, S. 384.
7 Ebenda, S. 636.
8 Ebenda, Band XXII, S. 131.
9 Ebenda, Band XXIV, S. 635.
10 Ebenda, Band XX, S. 487.
11 Ebenda, Band XXIII, S. 198.
12 Ebenda, Band XXII, S. 400.
13 Ebenda, Band XX, S. 343.
14 Ebenda, Band XIV, S. 184 f.
15 *Goethes Werke*. Herausgegeben im Auftrage der Großherzogin Sophie von Sachsen. IV. Abteilung. Band 16: *Goethes Briefe 1802–1803*. Hermann Böhlau Verlag, Weimar 1894, S. 3 f.
16 Goethe, *Gedenkausgabe der Werke, Briefe und Gespräche*. A.a.O., Band XIX, S. 417 f.
17 Ebenda, Band XVIII, S. 185.
18 Ebenda, Band XIV, S. 330.
19 Ebenda, S. 336.
20 Ebenda, S. 765.
21 *Goethe im Urteil seiner Kritiker*. Dokumente zur Wirkungsgeschichte Goethes in Deutschland. Teil I: 1773–1832. Herausgegeben, eingeleitet und kommentiert von Karl

Robert Mandelkow. Verlag C. H. Beck, München 1975, S. 418.

22 Ernst Robert Curtius: *Kritische Essays zur europäischen Literatur*. Fischer Taschenbuch Verlag, Frankfurt/Main 1984, S. 47.

23 *Kritische Friedrich-Schlegel Ausgabe*. Herausgegeben von Ernst Behler unter Mitwirkung von Jean-Jacques Anstett und Hans Eichner. Verlag Ferdinand Schöningh, Paderborn-München-Wien 1958 ff., Band XVI, S. 142.

24 Goethe: *Gedenkausgabe der Werke, Briefe und Gespräche*. A.a.O., Band XVIII, S. 229 f.

25 Ebenda, Band X, S. 567 f.

26 Ebenda, Band XIV, S. 444.

27 Ebenda, Band XXI, S. 732.

28 Ebenda, Band XIX, S. 575.

29 Ebenda, Band XIV, S. 830 f.

30 Gotthold Ephraim Lessing: *Werke*. Herausgegeben von Herbert Göpfert. Carl Hanser Verlag, München 1970-79, Band V, S. 331.

31 *Goethes Werke*. A. a. O., Band 25: *Goethes Briefe 28. Juli 1814 – 21. Mai 1815*. S. 242.

32 Goethe: *Gedenkausgabe der Werke, Briefe und Gespräche*. A.a.O., Band XVIII, S. 57.

33 Ebenda, S. 208.

34 Ebenda, Band XX, S. 126.

35 Ebenda, S. 264.

36 Ebenda, Band X, S. 122.

37 Ebenda, Band XXIII, S. 787.

38 Thomas Mann, *Gesammelte Werke in dreizehn Bänden*. Zweite durchgesehene Auflage. S. Fischer Verlag, Frankfurt/Main 1974, Band IX, S. 348.

Unser kostbarster Schatz

Zu den unermüdlich wiederholten Interviewfragen gehört jene nach den Büchern, die man, verbannt auf eine einsame Insel, mitnehmen möchte. Meist darf man drei Titel nennen, bisweilen sogar drei Romane, drei Dramen und drei Gedichtbände. Wie aber, wenn der Fragesteller hartnäckig darauf besteht, daß in dem kargen Gepäck Platz für nur einen einzigen Band sei? Entscheide ich mich für einen Roman? Nein, denn man kann einen genialen Roman gewiß häufig lesen, doch nicht unentwegt. Für ein dramatisches Werk? Da kommt der »Faust« in Betracht und auch eine Auswahl der Stücke Shakespeares. Indes gebe ich letztlich der Lyrik den Vorzug, und ich zweifle keinen Augenblick, welcher Poet und welche Verse mich in der Einsamkeit am besten erfreuen, belehren und trösten, ermutigen, erheitern und vergnügen würden: Goethe und seine gesammelten Gedichte.

Von allen Schätzen der deutschen Dichtung sind sie der kostbarste. Vielleicht gibt es Autoren deutscher Zunge, deren lyrisches Werk umfangreicher ist. Doch keinen gibt es, der so viele Gedichte geschrieben hätte, die bis heute lebendig, mehr noch: die herrlich sind wie am ersten Tag, keinen, dessen Poesie zarter und geistreicher, farbenprächtiger und vielseitiger wäre, nachdenklicher und temperamentvoller. Sie stammt aus allen Epochen seines Lebens: Schon der halbwüchsige Goethe schrieb Gedichte – und es sind darunter auch Meisterstücke. Noch der Achtzigjährige verfaßte Verse, und sie muten bisweilen sogar jugendlich an. Der unermeßliche, der überwältigende Reichtum seiner Lyrik, die Vielfalt ihrer Töne und Themen, ihrer Stoffe und Stimmungen, ihrer Motive und Melodien hat mit dem Reichtum seiner Persönlichkeit zu tun. »Der Geist des Widerspruchs und die Lust zum Paradoxen steckt in uns allen« – bemerkte er in seiner Autobiographie. Das ist, so verallgemeinert, wohl nicht richtig. Aber es gilt mit Sicherheit für ihn selber. Ob wir uns seinem Leben und Charakter zuwenden oder uns mit seinem Werk befassen, wir treffen unentwegt auf polare Spannungen und schroffe Widersprüche.

Er war ein Dichter und ein Gelehrter, ein Artist und ein Naturwissenschaftler, ein Träumer, ein Visionär und doch ein Realpolitiker. Er war ein passionierter Theoretiker und ein unermüdlicher Praktiker. Er liebte die Klarheit und verteidigte die Dunkelheit, er schätzte das Vornehme und das Aristokratische, ohne sich gegen das Plebejische und das Derbe zu sperren, ohne das Vulgäre zu verachten. Seinen Wilhelm Meister läßt er sagen: »Kurzgefaßte Sprüche jeder Art weiß ich zu ehren, besonders wenn sie mich anregen, das Entgegengesetzte zu überschauen und in Übereinstimmung zu bringen.«

Nichts Literarisches war ihm fremd, nichts Künstlerisches gleichgültig. Goethe beherrschte die unterschiedlichsten Stile, er versuchte sich in allen Formen und Gattungen, er war zu Hause in der Dichtung aller Epochen. So konsequent und erfolgreich er gegen die vielen Raubdrucke seiner Werke auch kämpfte, er selber profitierte gern und oft von den Schriften anderer: Aus dem internationalen Fundus der Poesie nahm er sich heraus, was ihm besonders gefiel und was er gerade gebrauchen konnte.

Gewiß, er war lax in Fragen des geistigen Eigentums, doch verdanken wir dieser Laxheit, die in der damaligen Zeit durchaus üblich war, Außergewöhnliches. Denn er war ein Neuerer und ein Vollender, ein Initiator und ein Konservativer, ein Experimentator und ein Traditionalist. Er wandelte sich unaufhörlich und blieb sich stets treu.

Die meisten seiner Gedichte waren nicht mehr und nicht weniger als poetische Improvisationen. Nie habe er aufgehört – berichtet Goethe –, »dasjenige, was mich erfreute oder quälte, oder sonst beschäftigte, in ein Bild, ein Gedicht zu verwandeln«.

Das Gelegenheitsgedicht, ein solches also, das seine Anlässe aus der Wirklichkeit holt, hielt er für »die erste und echteste aller Dichtarten«. Der Titel seiner Autobiographie »Aus meinem Leben. Dichtung und Wahrheit« kann denn auch als Programm und Summe seines Werks gelten, zumal seiner Lyrik.

Kein Zufall ist es, daß zu den populärsten, den am häufigsten zitierten Worten Goethes jene gehören, die sein Bekenntnis zum Leben formulieren, dieses freudige und entschiedene, dieses glühende und begeisterte Bekenntnis, das, stets auf die einfachste Weise ausgedrückt, den roten Faden seiner Dichtung bildet. »Wie es auch sei, das Leben, es ist gut«, heißt es in dem Gedicht »Der Bräutigam«.

Im »Vorspiel auf dem Theater« rät die Lustige Person:

Greift nur hinein ins volle Menschenleben!
Ein jeder lebts, nicht vielen ists bekannt,
Und wo ihrs packt, da ists interessant.

Lynkeus wiederum, der Türmer, der zum Sehen geborene, der zum Schauen bestellte, läßt sein Lied mit den Versen ausklingen:

Ihr glücklichen Augen,
Was je ihr gesehn,

Es sei, wie es wolle,
Es war doch so schön!

Faust schließlich ist bereit, sein ganzes Leben aufs Spiel zu setzen, ja er will sogar »gern zugrunde gehen«, wenn er zum Augenblick werde sagen können: »Verweile doch! du bist so schön!« Es sind also – das kann man gar nicht übersehen – die schlichtesten Vokabeln, die Goethe wählt, wenn er seine Zustimmung zum Leben äußert: Gut sei es, schön und interessant.

Aber warum verhält es sich so und nicht anders? Goethe bleibt uns die Erklärung nicht schuldig, er antwortet mit beinahe jedem seiner Werke. Sie alle belegen und veranschaulichen, was Suleika im »West-östlichen Divan« sagt (»Denn das Leben ist die Liebe«), was Klärchen singt (»Glücklich allein ist die Seele, die liebt«), was der junge Goethe jauchzend verkündete:

Krone des Lebens,
Glück ohne Ruh,
Liebe, bist du!

Nicht ein Denker war er und nicht ein Philosoph, sondern vor allem ein Sänger, nicht ein Grübler, sondern – das Klischee vom tiefsinnig-schwerfälligen Deutschen wunderbar widerlegend – ein Genießer des Daseins, ein Erotiker. Schon wahr: Sein Faust will erkennen, was die Welt im Innersten zusammenhält. Doch dauert es nicht lange, und seine Wünsche sind ganz anderer Art: »Schaff mir ein Halstuch von ihrer Brust, / Ein Strumpfband meiner Liebeslust!«

Goethe selber hat genau gewußt, wo die Wurzeln seiner Poesie zu suchen sind: »Die Liebe gibt mir alles und wo die nicht ist, dresch ich Stroh« – schrieb er an Charlotte von Stein. Und im Sommer 1822 sagte der schon Dreiundsiebzigjährige dem Kanzler Friedrich von Müller: »Es geht mir schlecht, denn ich bin weder verliebt noch ist jemand in mich verliebt.« Das sollte nicht lange dauern: Im Sommer 1823 verliebte er sich während eines Aufenthalts in Marienbad in ein neunzehnjähriges Mädchen: Ulrike von Levetzow. Er ließ sie, die seine Enkelin hätte sein können, in aller Form um ihre Hand bitten. Man hielt diesen Wunsch für einen Scherz und einen nicht unbedingt glücklichen. Aber er meinte es ernst. Der Herzog Karl August war der Brautwerber, doch der Heiratsantrag wurde höflich abgelehnt. Auf der Rückreise nach Weimar diktierte Goethe jene »Elegie«, die wir die Marienbader zu nennen pflegen. Ihre letzte Strophe beginnt mit der Zeile: »Mir ist das All, ich bin mir selbst verloren.«

Thomas Mann, der Goethe wie keinen anderen bewunderte und verehrte, hat oft über diese späte

Liebe nachgedacht. Er sprach von einem »grotesk erschütternden, großartig peinlichen Fall«, von der »majestätischen Zügellosigkeit und egoistischen Unersättlichkeit eines greisen Tasso« und von der »Entwürdigung eines hochgestiegenen Geistes durch ein reizendes, unschuldiges Stück Leben«.

Peinlich, egoistisch, Entwürdigung? Das sind strenge, harte Worte. Manche Zeitgenossen gingen noch weiter, sie sagten ohne Umschweife, der Alte habe sich lächerlich gemacht. Das mag schon sein, doch ziehe ich hier eine andere Vokabel vor: Zwei kurze Verse drängen sich mir auf, mit denen Goethe später, 1827, ein kleines Widmungsgedicht beendete. Er maß ihm offensichtlich keinerlei Bedeutung bei, er nahm es nicht einmal in die letzte und endgültige Ausgabe seiner Werke auf. Sie lauten: »Alle menschlichen Gebrechen / Sühnet reine Menschlichkeit.« Vielleicht hätten wir damit gleichsam die Achse seines Werks – und das zentrale Motiv seines Lebens, das einem Roman glich, einem einzigartigen. Ja, er war ein Poet der reinen Menschlichkeit. Seine Lyrik ist eine Fundgrube, in der sich mehr verbirgt, als wir uns vorstellen können.

1992

Der Platz neben der Herzogin

Am 29. Juli 1814 schrieb Goethe an seine Frau Christiane: »Also fuhr ich zu Frankfurt ein, Freitag abends, den 28., die Stadt war illuminiert und ich nicht wenig über diese Attention betroffen.« Aber galt diese Attention wirklich ihm, Goethe? Denn gleichzeitig war nach Frankfurt der König von Preußen, Friedrich Wilhelm III., gekommen. So war Goethe etwas unsicher, er bedankte sich für die Illumination nicht.

Frankfurt machte auf ihn, schrieb er, einen guten Eindruck, doch am nächsten Tag gedachte er weiterzureisen. »Zur Nachtzeit will ich auf Wiesbaden, der Mondschein begünstigt mich.« Hier in Wiesbaden geht es ihm, wie er schreibt, gar nicht schlecht: »Der Anblick des Rheins und der Gegend umher ist freilich etwas einzig Schönes.« In einem Brief vom 19. August 1814 belehrt er seine Frau Christiane, deren Bildung, wie wir wissen, etwas begrenzt war: »Wiesbaden liegt in einem weiten Tal, das vorwärts nach Süden von Hügeln, nordwärts von Bergen begrenzt wird. Besteigt man die letzteren, so hat man eine unendliche und höchst schöne Aussicht.«

In Wiesbaden war Goethe glücklich. Alles gefiel

ihm: »Erde, Himmel und Menschen sind anders, alles hat einen heiteren Charakter und wird mir täglich wohltätiger.« Es gefällt ihm immer besser in Wiesbaden, wohl auch deshalb, weil ihm zuteil wird, was er schätzte und gern hatte: Ehrungen. Der Herzog Friedrich August von Nassau sei, schreibt Goethe, sehr gnädig und freundlich, er lädt ihn zur Tafel ein. Wo findet das feierliche Essen statt? Nun, hier auf Schloß Biebrich.

Begeistert schildert Goethe seiner Frau, was er sehen durfte: den Gesellschaftssaal, die Galerie. »Man sieht an einer Seite den Rhein, an der anderen den Lustgarten. Es ist völlig ein Märchen. Der runde Speisesaal tritt etwas vor die Linie des Gebäudes. Die Herzogin, neben der ich saß, sitzt gerade so, daß man durchs offene Fenster den herunterfließenden Rhein für einen See halten kann, an dessen jenseitigem Ufer Mainz liegt. Ganz in der Ferne sieht man die Berge der Bergstraße und den Melibocus. Der Tag war sehr schön.«

Auch vom Essen ist bei Goethe die Rede. Er hat in diesem Saal, unter anderem, Artischocken zu sich genommen. Und zum Nachtisch gab es frische Mandeln, Maulbeeren und »dergleichen, das ich in vielen Jahren nicht geschmeckt«. Es war am 8. August, gefeiert wurde der 65. Geburtstag Goethes, der freilich erst etwas später fällig war, am 28. August. Noch einen Grund zur Freude hatte Goethe. Er hatte von

Seiner Kaiserlichen Majestät die Würde eines Kommandeurs des Leopold-Ordens erhalten. Und das genoß er, Orden liebte Goethe sehr. So schrieb er gleich an den Sohn August, er möge doch rasch aus Dresden Tuch und Stickerei zur neuen Uniform beschaffen, »denn zum Geburtstag des guten Großherzogs wollen wir uns herausputzen«. Ja, so war Goethe.

Aber man sollte nicht meinen, ihn hätten während dieses Aufenthalts Empfänge und Ausflüge ganz in Anspruch genommen, er habe nur Orden im Kopf gehabt und prächtige Uniformen. Er hat in Wiesbaden auch gearbeitet. Hier ist am 31. Juli 1814 eines seiner berühmtesten Gedichte entstanden – das Gedicht »Selige Sehnsucht«, das mit der Zeile beginnt: »Sagt es niemand, nur den Weisen.« Und das seinen Höhepunkt in der fünften Strophe erreicht, der viel zitierten:

Und solang du das nicht hast
Dieses: Stirb und Werde!
Bist du nur ein trüber Gast
Auf der dunklen Erde.

Vor zwei Wochen hatte ich hier in Wiesbaden in der Stadtbibliothek mit dem polnischen Schriftsteller, meinem Freund Andrzej Szczypiorski, einen literarischen Abend. Nachdem unsere Vorträge und Diskussionen beendet waren, bat mich Szczypiorski in einen Winkel des Raumes: »Sagen Sie mir mal vertraulich«, er blickte sich um, ob vielleicht jemand zuhörte, ob Spitzel in der Nähe waren, er war unsicher, aber schließlich sagte er: »Sagen Sie mir vertraulich, sagen Sie mir die Wahrheit, nur ganz unter uns, ich werde es niemandem weitersagen, sagen Sie mir: Ist dieser Goethe wirklich ein guter Dichter?«

Und ich sagte: »Mein lieber Freund Szczypiorski, er hat Romane geschrieben, aber den großen Romanciers, den größten der Menschheit, den beiden Russen Tolstoj und Dostojewski, kann er nicht das Wasser reichen. Er hat Dramen verfaßt, aber von diesem Mann aus Stratford, diesem Engländer, gibt es bessere Dramen. Und doch«, sagte ich zu Szczypiorski, »ist dieser Goethe Europas größter Dichter. Er hat den ›Faust‹ geschrieben. Er hat die schönste Lyrik der Welt geschrieben und noch einiges mehr.«

Ich sagte ihm, daß ich in meiner Jugend, ein Kind fast noch, den ersten Teil des »Faust« begeistert gelesen habe, obwohl ich die Hälfte, nein zwei Drittel vermutlich nicht verstand, aber ich hatte verstanden, was der Faust von dem Gretchen wollte und was das Gretchen von dem Faust wollte. Und mich hat dieses Stück so tief berührt, daß ich heute, wenn man mich nach dem schönsten Drama der Welt fragt, doch erst den »Faust« und dann erst den »Hamlet« nenne.

Es haben mich auch Werke, die sich nicht der Gunst heutiger Regisseure und Intendanten erfreuen, tief beeindruckt. Ich liebe immer noch den »Egmont«, den man vor wenigen Jahren in Frankfurt aufgeführt hat. In keinem Land der Welt geht man mit den eigenen Klassikern so um wie in Deutschland. In dieser »Egmont«-Aufführung begann Brackenburg, der unglücklich liebende Brackenburg, plötzlich auf der Bühne englisch zu sprechen. Kann dieser Schwachsinn überboten werden? Oh, ja! Es wurde in dieser Aufführung auch noch ein Teil der Abhandlung Schillers über den »Egmont« auf der Bühne von einer Figur aus dem »Egmont« verlesen. Wie morden doch die Regisseure die großen deutschen Dramen! Es gibt nur einen Dramatiker, den sie nicht ermorden können, einen einzigen auf Erden, das ist Shakespeare. Der erträgt alles, sogar die deutschen Regisseure.

Ich weiß nicht, ob ich Szczypiorski überzeugt habe, daß Goethe ein großer Dichter war. Aber ich weiß, daß mich Goethe mein Leben lang begleitet und daß es mich außerordentlich ehrt, gerade in dem Saal ausgezeichnet zu werden, in dem er frische Mandeln und Maulbeeren genossen hat und in dem er glücklich war, neben der Herzogin sitzen zu dürfen.

1992

Deutschstunde für ganz Europa

In einem Brief aus dem Jahre 1773 behauptet der noch junge Goethe: »Mir kommts darauf an, ob der Rezensent ein rechter Kerl ist, er mag mich loben oder tadeln.« Das stimmt nun nicht, gerade das Gegenteil trifft zu: Die Person des Rezensenten war ihm in der Regel gleichgültig, nur wollte er, auch als ein reifer und alter Autor, unbedingt gelobt werden. In seinem frühen Trauerspiel »Clavigo« läßt er eine Figur sagen: »Wenn die Menschen dich nicht bewundern, oder beneiden, bist du auch nicht glücklich.«

Wurde er aber gelobt, dann sollten es alle erfahren. Was, Jahrzehnte später, im »Morgenblatt für gebildete Stände« über sein neues Buch geschrieben wurde, gefiel ihm durchaus – und offenbar schmälerte es seine Freude nicht, daß dieses »Morgenblatt« vom selben Verleger Cotta finanziert wurde, der auch den rezensierten Roman verlegt hatte. Goethe genierte sich nicht, einen Sonderdruck der ihn bewundernden Kritik auf eigene Kosten anfertigen und an eine nicht kleine Anzahl von Personen verschicken zu lassen. Alle sollten wissen, daß er nachdrücklich gerühmt worden sei. Übrigens wurde in Cottas Blatt nicht etwa ein schwächliches, ein mehr oder weniger mißratenes Nebenwerkchen gewürdigt. Vielmehr ging es um einen Roman, den manche – es sind die Dümmsten nicht – für den schönsten, den herrlichsten in deutscher Sprache halten, es ging um die »Wahlverwandtschaften«.

Den Schriftsteller möchte ich sehen, dem die Kritik gleichgültig wäre, der nicht des Beifalls bedürfte, der nicht empfänglich wäre für Lob und nicht abhängig vom Erfolg. Recht hat Thomas Mann: In dieser Hinsicht ist Goethe tatsächlich wie wir alle.

Aber gab es denn vor ihm einen Dichter, dem wir einen vergleichbaren Kosmos, ein vergleichbares Universum verdanken? Ja, aber, so will es mir scheinen, nur einen einzigen: Shakespeare. Doch gerade ihn hat Goethe verkannt. Ein wirklicher, ein zuverlässiger Literaturkenner war er nicht. Über sein Verhältnis zu Kleist und Hölderlin und auch zu Heine ist schon viel geschrieben worden. Über Lessing kann man in seinen Aufsätzen und Erinnerungen, Briefen und Gesprächen auf Tausenden von Seiten nur sehr wenig finden: bloß einige dürftige und herablassende Bemerkungen. Er hat seine Zeitgenossen allesamt zumindest unterschätzt.

Wie war es mit Shakespeare? Über einige seiner Dramen äußerte sich Goethe gut und geistreich, ja, wie er selber gesagt hätte, vortrefflich. Doch in seinem Essay »Shakespeare und kein Ende« heißt es, er, Shakespeare, gehöre zwar in die Geschichte der Poesie, doch in der Geschichte des Theaters trete er nur zufällig auf.

Auf die Gefahr hin, daß mich die Oberbürgermeisterin, die verehrte Frau Roth, zur Ordnung ruft und mir gar das Wort entzieht, sage ich respektlos: Dieser Ausspruch unseres Goethe gehört zum Falschesten, ja zum Dümmsten, was je über Shakespeare zu lesen war. Nur ein Schriftsteller kann da mit Goethe konkurrieren, einer der auch nicht von Pappe ist – jener Leo Tolstoj nämlich, den viele für den bedeutendsten Romancier aller Zeiten halten. Tolstoj erklärte, Shakespeares Werk sei »das trivialste und verachtenswerteste, das es gibt«. Wie man sieht, ist es nicht Sache der Genies, andere Genies zu beurteilen.

Woher kommen Goethes Irrtümer und Mißverständnisse? Sie haben eine einzige Ursache, und ich kann mich nicht rühmen, sie aufgedeckt zu haben. Schon manche seiner Zeitgenossen, die Romantiker vor allem, wußten es. Goethe sei, meinten sie, zu sehr Dichter, um Kunstkenner zu sein. Nicht obwohl, sondern weil er ein Genie des allerhöchsten Ranges war, verkannte Goethe nicht immer, aber doch oft andere Genies. Was hatte er Shakespeare vorzuwerfen?

Thomas Mann zitierte einmal einen Ausspruch Adalbert Stifters, der sagte: »Ich bin kein Goethe, aber einer von seiner Familie.« Auf Thomas Mann läßt sich dies schwerlich übertragen: Er war nicht von Goethes Familie, aber indem er seine Erfahrungen in Goethes Werk und Person projizierte, zeichnete er ein Bild, das vermuten ließ, eigentlich sei Goethe einer aus der Familie Mann.

Ähnlich war es mit Goethe und Shakespeare. Warum hatte er solche Schwierigkeiten mit Englands, ja der Welt größtem Dramatiker? Weil es ihn immer störte – schrieb schon Ludwig Tieck –, daß Shakespeare »so durchaus nirgend Goethe« war. Das trifft die Sache haarscharf. Nur, was bedeutet das denn, daß Shakespeare nirgends Goethe sei? Vielleicht geht es hier um das unterschiedliche Verhältnis der beiden zu den Personen in ihrem Werk.

Shakespeare betrachtet die Bühne seines Theaters aus einiger Entfernung. Er kennt kein Mitleid: Er sieht König Lear auf der Heide herumirren und dem Wahnsinn verfallen, er läßt Julius Cäsar stolz und hochmütig reden, obwohl der hinter ihm stehende Casca den Dolch schon gezückt hat, er beobachtet ganz kühl das Glück Romeos und seiner Julia und ebenso ihr Unglück und ihren Untergang, er denkt nicht daran, die kühnen und leichtfertigen Feldherrn Macbeth und Othello zu warnen. Er läßt seine Figuren so sprechen und handeln, wie es ihnen paßt.

Nur einmal, ein einziges Mal, erlaubt sich Shakespeare, der Souverän, den Abstand, der ihn von seinen Gestalten trennt, zu überwinden – in der Tragödie des Intellektuellen, der sich mit der Barbarei in seiner Zeit nicht abfinden kann und der es versucht, die Ordnung in der aus den Fugen geratenen Welt wiederherzustellen, in der Geschichte also des dänischen Prinzen Hamlet. Hier identifiziert sich Shakespeare mit seinem Helden, ausnahmsweise.

Für die deutschen Klassiker war dieser Prozeß beinahe selbstverständlich. Schiller wandert durch seine Bühnenwelt unter verschiedenen Namen. Er ist der Räuber Karl Moor und der Major Ferdinand von Walter, Mortimer und Max Piccolomini – und Arm in Arm mit dem Marquis Posa und mit dem Kronprinzen Don Carlos fordert er sein Jahrhundert in die Schranken. In welcher Rolle Schiller auch auftritt, er präsentiert sich uns immer als ein Held – und vielleicht deshalb wurde er, wie kein anderer deutscher Klassiker, der Dichter der Jugend.

Und unser Goethe? Nie hat er seine Geschöpfe so kühl und unbeteiligt beobachtet wie Shakespeare. Aber auch mit den Helden des Nachbarn und Kollegen Schiller haben seine Figuren nichts gemein. Goethe selber war mit Sicherheit kein Held, er wollte es nicht sein, er war sich für den Heroismus viel zu schade. Im Mittelpunkt seines Werks sehen wir schwache und schwankende Menschen, Hysteriker wie der zweideutig-verräterische Clavigo, der unberechenbare, leichtsinnig-unseriöse Egmont, wie die zarten Neurotiker Werther und Tasso, wie Faust, der Verführer. Es sind Sünder und Irrende, es sind, kurz gesagt, versagende Individuen. Aber sie werden nie von Goethe verurteilt oder gar verdammt. Vielmehr werden sie von ihm immer wieder verteidigt und bisweilen verklärt. Anders als Schillers Gestalten sind sie, was Goethe um keinen Preis der Welt sein wollte: Opfer des Lebens.

Keinem seiner Helden wird ein heroischer Tod nachgerühmt. Wirklich keinem? Einem nun doch, dem überaus sympathischen Egmont, der freilich am Ende zu unserem Schrecken verkündet: »Fallt freudig, wie ich euch ein Beispiel gebe.«

Goethe war offenbar nicht ganz wohl, als er seinen liebenswerten Egmont diese hochherzigen Phrasen reden ließ. Um den unangenehmen Eindruck wenigstens etwas zu mildern, behalf er sich mit einem altbewährten Mittel, mit einem, das den schlimmsten Text erträglich machen kann – mit der Musik: Für Egmonts letzte Worte wünschte er sich eine Begleitmusik, eine Siegessymphonie. Beethoven hat diesen Wunsch virtuos erfüllt.

Identifiziert sich Goethe mit seinen Geschöpfen? Das kommt ihm nicht in den Sinn. Denn er selber ist es, der unaufhörlich auf der Bühne steht. Wir haben in der Schule gelernt, daß Goethe ebenso im Faust wie im Mephisto zu finden sei. Aber so war es doch von Anfang an: Er ist Götz und Weißlingen, Egmont, Alba und Oranien, Thoas und Orest, Tasso und Antonio. Und seine unvergleichbaren Frauenfiguren, Charlotte und Ottilie, Adelheid und Klärchen, Helena und Gretchen?

Er hat den Mädchen und Frauen in seinem Universum alle weiblichen Reize gegönnt, ohne ihnen menschliche Gebrechen zu ersparen. Er hat sie, wie kein anderer deutscher Dichter, mit Witz und Geist, mit wunderbarer Intelligenz ausgestattet. Ich kann mich des Verdachts nicht erwehren, daß diese Figuren beides in einem sind: feminine Varianten des Autors Goethe ebenso wie seine Wunschvorstellungen. Mag Iphigenie lauthals erklären, sie sei aus Tantalus' Geschlecht – wir wissen es besser, sie ist aus Goethes Geschlecht. Übrigens ist »Iphigenie auf Tauris« das erste und vollkommenste deutsche Rundfunk-Hörspiel. Ich spaße nicht, ich meine es ernst. Die »Iphigenie« ist ein Sprachkunstwerk, das, unübertroffen in der Geschichte der deutschen Literatur, des Visuellen überhaupt nicht bedarf.

Alle seine Dramen, Romane und Epen könnten so

betitelt sein wie seine Autobiographie: »Aus meinem Leben. Dichtung und Wahrheit.« Die meisten von ihnen spielen am selben Ort. Denn von dem Tempel Dianens, vor dem die Königstochter das Land der Griechen mit der Seele sucht, ist es, glaube ich, nicht weit bis zur Wartburg. Das Lustschloß Belriguardo, in dem Torquato Tasso leidet und dichtet, liegt in der Nähe von Ferrara, gewiß, doch zugleich in der Nähe von Weimar.

Goethes Griechenland, Italien und Spanien – das sind insgeheim deutsche Kolonien. Nein, natürlich nicht Togo oder Kamerun, wohl aber Kolonien des edelsten deutschen Geistes. Sein Werk besteht aus den Bruchstücken, natürlich, doch nicht nur, wie er selber sagte, einer großen Konfession, sondern zugleich aus Bruchstücken einer Deutschstunde für ganz Europa.

Von welchem deutschen Dichter des achtzehnten und neunzehnten Jahrhunderts könnte man mit gutem Gewissen ebenfalls sagen, er sei ein Europäer gewesen, dem am Weltbürgertum nicht gelegen war? Und der ein halbes Jahrhundert nach Goethe geborene Heinrich Heine?

Dieser war Europäer der Not gehorchend, jener aus eigenem Willen und Antrieb. Der Jude aus Düsseldorf wählte sich die prunkvolle Hauptstadt Frankreichs, einen Wallfahrtsort der Künstler, zu seinem Asyl. Der Protestant aus Frankfurt machte hingegen aus seinem fürstlichen Asyl, einer winzigen und verschlafenen Residenzstadt, einen Wallfahrtsort der europäischen Intellektuellen.

War Goethe, wie oft vermutet wurde, der glücklichste Mensch, der je auf dieser Erde wandelte? Jedenfalls war er wie kein anderer deutscher Dichter an jedem Tag und in jeder Stunde einig mit sich selbst, mit seiner Aufgabe und mit seinem Ziel. Aber was uns in Goethes Werk oft verstummen läßt – es ist nicht die Fülle der Gedanken und der Ideen (Schiller steht ihm in dieser Hinsicht nicht nach), vielmehr ist es die unermeßliche Fülle der Gefühle und der Empfindungen, der Leiden und der Qualen. Alles gaben die Götter ihm, ihrem Liebling – alle Freuden, die unendlichen, alle Schmerzen, die unendlichen, ganz.

Damit haben die polaren Spannungen und die schroffen Widersprüche zu tun, die uns bei ihm immer wieder auffallen – in seinem Leben, in seinem Charakter und in seinem Werk. Er war ein passionierter Theoretiker und ein unermüdlicher Praktiker, ein Träumer, ein Visionär und doch ein Realpolitiker, ein Artist und ein Naturwissenschaftler.

Die Klarheit liebte er, gleichwohl legte er, oft genug, ein gutes Wort für das Dunkle und das Geheimnisvolle ein. Er schätzte das Vornehme und das Aristokratische, ohne sich gegen das Plebejische und das Derbe zu sperren, ohne das Vulgäre zu verachten.

Soviel Lebenszeit und Energie er auch der Wissenschaft gewidmet hat, er war kein Gelehrter und kein Philosoph. Er war zum Sehen geboren und zum Schauen bestellt. Er war ein Künstler, ein Dichter. Vielleicht ist es das deutlichste Zeichen der Genialität Goethes, daß er anders als Lessing und anders als Schiller vor dem Wunder der Liebe nicht versagte. An Frau von Stein schrieb er: »Die Liebe gibt mir alles, und wo die nicht ist, dresch ich Stroh.«

Es ist, ich bin dessen ganz sicher, im Geiste Goethes, wenn wir eines der am häufigsten zitierten Worte aus seinem »Faust« – »Es irrt der Mensch, solang er strebt« – hier abwandeln und kurzerhand sagen: »Es strebt der Mensch, solang er liebt.« Das wäre wohl ein Motto für Goethes unbegreiflich hohe Werke, die herrlich sind wie am ersten Tag.

1999

Die Literatur ist ein Spiel – wie die Liebe

Das also darf ich noch erleben: diesen Tag, der so wunderbar, diese Stunde, die so herrlich für mich. Im Namen Goethes ausgezeichnet zu werden, das ist die höchste Ehre, die einem Schreibenden widerfahren kann. Sigmund Freud erhielt diesen Preis 1930 und schrieb später in einer autobiographischen Darstellung: »Es war der Höhepunkt meines bürgerlichen Lebens.« Und auch ich darf, dem großen Vorbild Freuds folgend, hier bekennen: Dies ist der Höhepunkt meines Lebens. Ein helleres, ein strahlenderes Licht kann auf mein Dasein nicht mehr fallen.

Aber diese so schöne Stunde ist für mich zugleich eine schwere Stunde. Es ziemt sich, daß ich jetzt über Goethe rede. Ich würde lieber über Lessing oder Schiller, über Kleist oder Heine zu Ihnen sprechen. Denn ich habe Angst vor dem Thema Goethe. Es ist ja schon unendlich viel, vielleicht sogar alles über ihn gesagt worden, in Deutschland und in der ganzen Welt. Diese Furcht, immer nur längst Bekanntes zu wiederholen, hat mich jahrzehntelang gehindert, über Goethe überhaupt zu schreiben. Ich war längst sechzig Jahre alt, als ich es zum ersten Mal gewagt habe, eine kleine Arbeit über ihn zu verfassen.

Mein Weg zu Goethe begann schon in meiner Jugend, wenn nicht in meiner Kindheit. Einfach und geradlinig war dieser Weg freilich nicht. Er stand zunächst im Schatten einer Liebe, zu der ich mich auch heute noch bekenne – meiner frühen Liebe zu Schiller. Zwei Dramen, das Stück über die Rebellion der Jugend und jenes, das den politischen Mord glorifiziert, die »Räuber« also und der »Tell«, hatten mich in jenen Jahren erregt und beunruhigt und bald begeistert.

Beide Stücke waren für mich ungleich wichtiger als etwa der »Götz von Berlichingen«, der mich überhaupt nichts anging. Und keine Ballade von Goethe beeindruckte mich mehr als Schillers »Kraniche des Ibykus«. Schlimmer noch: Die Verse, die ich zunächst von Goethe gelesen hatte, gefielen mir überhaupt nicht. Nun hatte, was mir von ihm damals in die Hände fiel, mit der wohl nicht ganz glücklichen Auswahl zu tun, die in unserem Schullesebuch geboten wurde.

Erst las ich – leider – das Gedicht »Die wandelnde Glocke«. Daß ein menschliches Wesen und obendrein ein unschuldiges Kind gejagt, in Schrecken versetzt und dann auf brutale Weise zum Gottesdienst in die Kirche getrieben wird – dies fand ich abscheulich, weil inhuman. Auf mein kritisches Verhältnis zu den Kirchen aller Religionen hat vielleicht auch dieses Gedicht Einfluß ausgeübt. Nein, das war mein Gedicht nicht.

Ich nahm mir dann den »Schatzgräber« vor und war enttäuscht. Sie erinnern sich an das Fazit dieser kurzen Ballade: »Tages Arbeit! Abends Gäste! / Saure Wochen! / Frohe Feste! / Sei dein künftig Zauberwort«. Das, glaubte ich, seien primitive Schlagzeilen, sie kamen mir abstoßend vor. Das war in meinen Augen biedere und billige Poesie.

Ähnlich erging es mir mit dem »Zauberlehrling«. Ich hatte kein Verständnis für diese Ballade, zumal ich noch nicht wußte, daß es hier möglicherweise um Meisterschaft und Dilettantismus ging und daß sich hier vielleicht Goethes Abrechnung mit den Romantikern verbarg.

Nun, da ich die verschiedenen Deutungen kenne, finde ich diese Gedichte nicht besser. Was mich vor allem störte, was ich nicht ertragen konnte, das war deren Treuherzigkeit, deren aufdringliche Pädagogik. Doch meine entschiedene Abwendung von Goethes Poesie stand mir noch bevor. Es war aber mehr als eine Abwendung, es war schon ein wütender Protest. Ich las das Gedicht, dessen erste Strophe lautet:

Edel sei der Mensch,
Hülfreich und gut!
Denn das allein
Unterscheidet ihn
Von allen Wesen,
Die wir kennen.

Das, dachte ich mir, ist in ihrer Direktheit, klar gesagt, schlechte Poesie: Die Strophe beginnt ja mit einer simplen Ermahnung und knüpft daran eine gänzlich absurde Feststellung. Denn es ist doch wirklich barer Unsinn, daß Güte und Hilfsbereitschaft den Menschen von allen Wesen unterscheiden, die wir kennen. Hilfreich und gut kann zur Not auch ein Hund sein. Was wirklich den Menschen von allen anderen Wesen unterscheidet, sei vielmehr – meinte ich – die Fähigkeit, zu sprechen und zu lachen und meinetwegen zu schreiben.

Es hat sich inzwischen nichts geändert, nach wie vor bin ich keineswegs bereit, ein gutes Wort für derartige Gedichte einzulegen. Aber während ich mich fragte, warum man sich in Deutschland über Goethe in der Regel so ganz und gar unkritisch zu äußern pflegt, begann ich in seinem Gedichtband zu blättern. Da fand ich das Gedicht, das mit den Worten beginnt: »Ein Veilchen auf der Wiese stand, / Gebückt in sich und unbekannt.« Diese Verse lösten bei mir keinen Widerstand aus, sie gefielen mir, aber ich wußte nicht, warum sie schön waren. Das ist mir übrigens Jahrzehnte später, als ich schon längst Kritiker war, nicht selten wieder passiert. Ich lese ein Gedicht und spüre sofort: Das ist wunderbare Lyrik – und dann suche ich und finde schließlich für diese unmittelbare emotionale Reaktion die sachliche Begründung.

Bei dem »Veilchen«, da war es aber anders. Ich war beinahe noch ein Kind, ziemlich isoliert. Das Gedicht hatte sich gleich meinem Gedächtnis eingeprägt, auf dem Weg zur Schule sprach ich, einsam inmitten des Berliner Verkehrs, die Verse leise vor mich hin: »Ein Mädchen auf der Wiese stand, / Gebückt in sich und unbekannt.« Plötzlich merkte ich, daß ich ja falsch zitiere, in dem Gedicht war nicht von einem Mädchen die Rede, sondern von einem Veilchen.

Aber durch meinen Irrtum – das habe ich irgendwann begriffen – wurde dieses Gedicht gar nicht so arg entstellt. Denn Blumen sind in Goethes Versen nicht unbedingt reale Pflanzen, es sind vielmehr, jedenfalls sehr häufig, Zeichen und Symbole. Nun, Zeichen wofür? Sie beziehen sich stets auf die Frauen und auf die Liebe. Das aber ist bei Goethe so gut wie immer ein und dasselbe Thema. Sein Veilchen denkt: »Wär ich nur die schönste Blume der Natur...« Die Schäferin aber, die »mit leichtem Schritt und munterm Sinn« daherkommt, nimmt das Veilchen »nicht in Acht«. Was sich also zwischen der Blume und dem Mädchen abspielt, ist nichts anderes als eine erotische Geschichte.

»Sah ein Knab ein Röslein stehn, / Röslein auf der Heiden«. Auch dieses Röslein, das »so jung und morgenschön« lockt, ist natürlich ein Mädchen. Nur geht es hier nicht um die Liebe, sondern um bare Sexualität: Ein wilder Knabe will das Röslein brechen, das sich wehrt, das sich dem Zugriff entziehen will: Aber »half ihr doch kein Weh und Ach, / Mußt es eben leiden.« Das geschätzte und so beliebte Lied ist ein Gedicht über die Vergewaltigung.

Herrlich leuchtet die Natur in Goethes »Mailied«: »Es dringen Blüten / Aus jedem Zweig«, von »Blütendampf« hören wir. Doch gleich werden die aus dem Botanischen bezogenen Zeichen und Symbole aufgegeben, und es heißt einfach und ohne Umschweife: »O Mädchen, Mädchen, / Wie lieb' ich dich, / Wie blickt dein Auge, / Wie liebst du mich!«

Das Goethe-Gedicht »Mit einem gemalten Band« beschwört »kleine Blumen« und »kleine Blätter« und auch noch Rosen. Aber sie haben nur einen einzigen Zweck: Die Liebste sollen sie schmücken. In dem berühmten »Ich ging im Walde / So für mich hin« wird ein Blümchen »mit allen den Würzlein« ausgegraben und zu Hause wieder eingepflanzt: »Nun zweigt es immer/Und blüht so fort.« Gemeint ist, versteht sich, wieder eine Frau, diesmal Christiane Vulpius, die Goethe wie jenes im Wald gefundene Blümchen in sein Haus genommen und Jahre später geheiratet hat.

Es waren immer wieder kurze Gedichte, die mir besonders gefielen, die mich für Goethe gewannen – damals und für mein ganzes Leben. Jetzt ist es nicht anders als in meiner Jugend.

Ich bin überzeugt, daß die Qualität des lyrischen Gedichts auch mit seinem Umfang zu tun hat, daß das kurze Gedicht dem langen meist überlegen ist. Das ist, ich weiß es, eine ungeheuerliche Vereinfachung, und ich hätte sie wohl nicht riskiert, wenn mir nicht neulich eine verblüffende Bemerkung des alten Goethe aufgefallen wäre. In einem Gespräch aus dem Jahre 1828 sagte er: »Jedes Gedicht ist gewissermaßen ein Kuß, den man der Welt gibt. Aber« – fuhr Goethe fort – »aus bloßen Küssen werden keine Kinder.« Nur ein kurzes Gedicht kann zu dem Kuß werden, mit dem die ganze Welt bedacht sein soll. Und mit den Kindern, die diesen Küssen nicht folgen, meinte Goethe wohl jene Wirkung, die ein Drama oder ein Roman ausüben kann und die man von einem kurzen Gedicht nicht erwarten darf.

Welches sind denn die schönsten, die dauerhaftesten Gedichte von Goethe? Vielleicht, neben denen, die ich schon genannt habe: Klärchens Lied »Freudvoll und leidvoll« und Mignons Lied »Kennst du das Land, wo die Zitronen blühn«, das Lynkeus-Lied »Zum Sehen geboren, zum Schauen bestellt« und Wandrers Nachtlied »Über allen Gipfeln ist Ruh«. Allesamt ganz kurze Gedichte. Und die Balladen? Die herrlichsten, die Goethe geschrieben hat, sind ebenfalls verhältnismäßig kurz: Gretchens »Es war ein König in Thule« und die beiden Balladen über die Verführung: »Der Fischer« und der »Erlkönig«.

Ich will es nicht verheimlichen, daß ich die Balladenform nicht gerade liebe. Die meisten erzählen in Versen, was sich ebenso und meist auch viel klarer und anschaulicher in Prosa erzählen ließe. Wie aber ist es um das philosophische Gedicht bestellt, das doch in der Regel lang ist? Da wird, fürchte ich, nicht selten, sogar von den bedeutendsten Dichtern, um des Reimes oder des Rhythmus willen die Exaktheit des Gedankens, der Formulierung vernachlässigt, wenn nicht geopfert.

Heute fällt mir auch auf, daß mich in Goethes Lyrik vor allem das erotische Gedicht fasziniert hat. Und neben der Lyrik war es ein erotisches Drama, das mich ergriffen und aufgewühlt hat wie kaum ein anderes Werk der Weltliteratur. Ich spreche von der

Gretchen-Tragödie, der erfolgreichsten deutschen Liebesgeschichte.

Faust und Gretchen werden in der Regel den klassischen Liebespaaren der Weltliteratur zugezählt, man nennt sie zusammen mit Hero und Leander, Paolo und Francesca, mit Romeo und Julia. Die poetische Kraft und Qualität der Dichtung Goethes rechtfertigt diese hohe und höchste Einstufung mit Sicherheit. Etwas anders freilich verhält es sich, wenn man genau und nüchtern, vor allem aber unvoreingenommen betrachtet, was Goethe gezeigt und dargestellt hat. Wir wollen dieses Risiko auf uns nehmen und einer schlichten Frage nicht ausweichen, nämlich: Wovon handelt denn eigentlich diese Tragödie?

Also: Faust, der erkennen wollte, was die Welt im Innersten zusammenhält, scheitert und resigniert – als Gelehrter, als Wissenschaftler. Von den beiden Seelen in seiner Brust siegt jene, die »in derber Liebeslust sich an die Welt mit klammernden Organen« hält. Zum Augenblicke will er sagen können: »Verweile doch, du bist so schön!«. Wie er sich das vorstellt, erklärt er seinem Partner und Begleiter, dem Mephisto: »Mir ekelt vor allem Wissen. / Laß in den Tiefen der Sinnlichkeit / Uns glühende Leidenschaften stillen!«

Natürlich begreift Mephisto, was man tun muß, damit Faust die »Tiefen der Sinnlichkeit« genießen kann: Er bringt ihn in die Hexenküche, läßt ihn verjüngen und serviert ihm einen Zaubertrank: »Du siehst, mit diesem Trank im Leibe, / Bald Helenen in jedem Weibe.« Das nächste weibliche Wesen auf seinem Weg ist Gretchen vor dem Dom. Und wenn es, frage ich ganz leise, Marthe gewesen wäre oder zufällig die schmutzigste Hure des kleinen mittelalterlichen Städtchens? Welches weibliche Geschöpf auch aufgetaucht wäre, Faust, mit einer Droge, einem Aphrodisiakum präpariert, hätte dieses Geschöpf, ob jung oder alt, ob schön oder häßlich, gleich begehrt.

Das ist ein unseliger, ein unheilvoller Ausgangspunkt. Denn der Held der Tragödie ist seiner Entscheidungsfreiheit beraubt. Da stellt sich die Frage: Hat Faust je mit Frauen zu tun gehabt, war es ihm je vergönnt, ein weibliches Wesen zu lieben? Seine Selbstdarstellung – in den Monologen, im Osterspaziergang, in den Gesprächen mit Mephisto – ist nicht knapp. Doch mit keinem einzigen Vers wird etwas Erotisches in Fausts Vergangenheit erwähnt. In der Hexenküche wird ihm in einem »Zauberspiegel« das Bild von einer (offenbar nackten) Frau geboten. Er verliert beinahe die Fassung:

Das schönste Bild von einem Weibe!
Ist's möglich, ist das Weib so schön?

Muß ich an diesem hingestreckten Leibe
Den Inbegriff von allen Himmeln sehn?
So etwas findet sich auf Erden?

Die Kommentatoren, die vermuten, Faust sei ein »frauenferner Gelehrter« gewesen, haben gewiß recht.

Sein sofortiges Interesse für Gretchen hat nichts mit Liebe zu tun. Es handelt sich vielmehr um ein rein sexuelles Verlangen, ein heftiges Verlangen des Mannes, der, nach den Tiefen der Sinnlichkeit lechzend, in einen ekstatischen Zustand versetzt wurde. Der Trank, den er in der Hexenküche zu sich nahm, hat keinen Einfluß auf die Liebe, er wirkt lediglich auf das Sexuelle, was in Fausts Gretchen-Erlebnis auf unzweifelhafte Weise zum Vorschein kommt.

Er sieht das Mädchen vor dem Dom nur ganz kurz, da sie ihn mit, alles in allem, zehn Worten schroff abweist und gleich weggeht. Die wenigen Augenblicke reichen aus – er will sie unverzüglich im Bett haben: »Du mußt mir die Dirne schaffen!« befiehlt er dem Mephisto. Und: »Wenn nicht das süße junge Blut / Heut' Nacht in meinen Armen ruht: / So sind wir um Mitternacht geschieden.«

Dies läßt sich, wie Mephisto erklärt, so schnell nun doch nicht machen. Es muß also eine vorläufige Lösung, eine Ersatzlösung gefunden werden. Bei der

Annäherung des Mannes an eine Frau werden – lehrt Sigmund Freud – in dem Stadium, da das Sexualziel noch nicht erreichbar ist, häufig starke fetischistische Neigungen bemerkbar. Als bevorzugte Objekte sexueller Erregung und Befriedigung erweisen sich Kleidungsstücke, solche zumal, die von der begehrten Person in der Nähe der erogenen Teile oder Stellen ihres Körpers getragen werden. Ich weiß schon: Goethe hat Freud nicht gelesen, aber er kannte das Leben. Die Art der Beziehung Fausts zu Gretchen wird zunächst deutlich erkennbar durch seinen dringenden Wunsch oder, wenn man so will, seine Bestellung: Da er Gretchen nicht sofort im Bett haben kann, benötigt er für seine »Liebeslust« »ein Halstuch von ihrer Brust« und »ein Strumpfband«. Überdies soll Mephisto ihm ein passendes Geschenk beschaffen, das Gretchen rasch gefügig machen soll.

Doch kaum hat Faust mit ihr geschlafen, schon will er, da das sexuelle Bedürfnis offenbar befriedigt wurde, von ihr nichts mehr wissen. Gretchen war Fausts einstweiliger Bettschatz – nicht mehr. In der Szene »Wald und Höhle«, deren Plazierung innerhalb des »Faust« allerdings unsicher ist, hält es Mephisto für angebracht, den Verführer ernsthaft zur Rede zu stellen:

Dein Liebchen sitzt dadrinne,
Und alles wird ihr eng und trüb,
Du kommst ihr gar nicht aus dem Sinne,
Sie hat dich übermächtig lieb.

Und etwas weiter bringt Mephisto die Sache auf den Punkt: »Sie meint, du seist entfloh'n. / Und halb und halb bist du es schon.«

Eine eventuelle Begegnung zwischen Faust und Gretchen nach ihrer ersten gemeinsamen Nacht wird von Goethe mit keinem Wort erwähnt. Offenbar hat Faust sie monatelang überhaupt nicht gesehen. Er sieht sie erst im Kerker.

Was treibt denn – müssen wir fragen – diesen Faust? Albrecht Schöne meint in seinem sehr nützlichen Kommentar, es sei »unstillbares Verlangen nach Weltgewinn und Ich-Erweiterung«. Natürlich, das ist schon richtig. Aber ich würde hier doch andere Vokabeln vorziehen und von Fausts Begierde nach Lebensgenuß sprechen und, um einen in unserer Zeit beliebten Begriff zu verwenden, von seiner Sucht nach Selbstverwirklichung. Diese Sucht gleicht einer dämonischen Triebkraft.

Wir wissen es längst: Goethes Helden – die Männer meine ich – sind so gut wie immer gebrochene Individuen, schwache und scheiternde Menschen, Neurotiker und Neurastheniker. Von hemmungsloser Egozentrik und brutalem Egoismus kann man sie allesamt nicht freisprechen. Doch keiner scheint eine so extreme Figur zu sein wie Faust: Die Rücksichtslosigkeit, mit der er Gretchen an sich reißt und verführt, ist grausam und schließlich unmenschlich.

Wer will, kann ihm die Droge zugute halten, die er von Mephisto in der Hexenküche bekommen hat. Daß er Gretchens tiefstes Elend verschuldet und schließlich ihr Leben zerstört hat, dafür kann man nicht mehr den aphrodisischen Trank verantwortlich machen. Aber was er ihr angetan hat, ist ihm offenbar gleichgültig. Als er hört, was mit Gretchen geschehen ist, klagt er an. Wen? Nicht etwa sich selber, sondern Mephisto, der ihn kühl fragt und sehr zu Recht: »Wer war's, der sie in's Verderben stürzte? Ich oder du?«

Im Kerker findet Faust große und schöne Worte für das Unglück, doch nicht etwa für das Unglück der verzweifelten, der verwirrten, der an Ketten liegenden Frau. Er hat hingegen das Bedürfnis, sich über sein Unglück zu verbreiten: »Mich faßt ein längst entwohnter Schauer, / Der Menschheit ganzer Jammer faßt mich an.« Er gibt zu: »Du zauderst zu ihr zu gehen! Du fürchtest, sie wieder zu sehen!« Er erlaubt sich die rhetorische Frage: »Werd ich den Jammer überstehen!« Und: »Du bringst mich um.«

Am Ende ruft er wahrlich nicht ohne Selbstmitleid: »O wär' ich nie geboren!«

Und doch wird im »Faust« eine unvergeßliche Geschichte erzählt, die poetische Geschichte einer Liebe. Aber es ist ausschließlich jene der Liebe Gretchens zum Faust. Ja, so ist es, auch wenn es Gretchen noch nicht weiß: Sie liebt ohne Gegenliebe.

Woher rührt denn der unvergleichliche Zauber dieses Mädchens? Über vierzehn Jahre ist sie alt, gerade noch ein Kind und schon eine Frau. Sie ist auf rührende Weise naiv und zugleich erstaunlich gescheit. Goethe hat sie großzügig ausgestattet: mit Instinkt ebenso wie mit Intelligenz.

Sie ist von schlichter Geistesart und so ungebildet, wie die Mädchen ihres Alters und ihrer sozialen Herkunft es damals waren. Gleichwohl ist sie auf höherem geistigen Niveau als diese Mädchen.

Goethe sagte einmal im Gespräch mit Eckermann, seine Frauencharaktere seien allesamt »gut weggekommen, sie sind alle besser, als sie in der Wirklichkeit anzutreffen sind«.

So ist es in der Literatur, der großen zumal, immer: Kein Prinz von Dänemark hatte je das Format des Hamlet, kein Prinz von Preußen das Format des Friedrich von Homburg. Und die liebenden Frauen im »Werther« und in den »Wahlverwandtschaften«, in der »Stella«, im »Egmont« und im »Tasso« – sie sind alle tatsächlich und glücklicherweise besser, als man sie in der Wirklichkeit antreffen kann. Hat es in Griechenland je eine Königstochter gegeben, die so reif und klug, so gebildet gewesen wäre wie unsere Iphigenie, sie, die aus dem fluchbeladenen Geschlecht der Atriden stammt und doch aus der Familie der Frau von Stein? Und Gretchen, die »Ohnegleiche«?

Sachlich und klar sind die Fragen, die sie Faust stellt: »Wie hast du's mit der Religion?« Und: »Glaubst du an Gott?« Faust antwortet ihr ausführlich und, zugegeben, effektvoll, doch letztlich nur ausweichend. Seine feierliche Rede läßt sie kalt, sie durchschaut seine Phraseologie sofort: Er wiederhole doch nur – bemerkt sie nicht ohne Ironie –, was sie auch vom Pfarrer gehört habe.

Dem Mann, der Gretchen bloß ins Bett haben wollte, und dies so schnell wie möglich, ihm verdankt sie eine Erfahrung, die ihr Leben verändert: die Liebe. Der poetische Höhepunkt des ersten Teils der »Faust«-Tragödie sind die Verse, die Gretchen am Spinnrad spricht und die, auch wenn sie von den größten Komponisten vertont wurden, doch keiner Musik bedürfen. Sie sind selber Musik und, man muß es sagen, unüberbietbare. Refrain und Leitmotiv dieses Monologs ist die erste Strophe, die von Gretchen noch zweimal wiederholt wird: »Meine Ruh' ist hin, / Mein Herz ist schwer; / Ich finde sie nimmer / Und nimmermehr.«

Der Monolog zeigt in dichterischer, in äußerster Verknappung, was die Liebe zur Folge hat. Das sie überwältigende Erlebnis bringt das Mädchen wie jeden, dem das Glück der Liebe zuteil wird, in eine Abhängigkeit, die sie bisher nicht kannte: »Wo ich ihn nicht hab' / Ist mir das Grab, / Die Welt / Ist mir vergällt.« Zugleich gerät die Liebende in einen Zustand, dem sie hilflos ausgeliefert ist, einen Zustand an den Grenzen der Verwirrung: »Mein armer Kopf / Ist mir verrückt, / Mein armer Sinn / Ist mir zerstückt.«

Zur Abhängigkeit und zur Verwirrung kommt noch ein dritter, ein für Gretchen unbegreiflicher Umstand, etwas, was sie als beängstigend, als unheimlich, empfindet: der Sexualinstinkt. Sie kann es niemandem sagen, sie kann es nur sich selber gestehen: »Mein Busen drängt / Sich nach ihm hin. / Ach dürft' ich fassen / Und halten ihn.« Lassen diese Worte auf Sexuelles schließen? Nein, zunächst nicht unbedingt.

Doch in der frühen Fassung des »Faust«, im sogenannten »Urfaust«, lautete dieser Vers anders. Da sprach Gretchen nicht von ihrem Busen, da war es ihr »Schoß«, der sich nach dem Mann, den sie liebt, hindrängt. Das ist für Gretchen eine Entdeckung, beklemmend und erschreckend in einem. Daher folgt diesem Wort im »Urfaust« der Aufschrei einer Ratlosen: »Mein Schoß! Gott! Drängt / Sich nach ihm hin / Ach dürft ich fassen / Und halten ihn.« Man kann sich denken, warum Goethe das Wort »Schoß« wieder gestrichen hat: Es war nichts anderes als ein Zugeständnis an die gesellschaftliche Konvention seiner Epoche.

Die nächsten vier Szenen (»Am Brunnen«, »Zwinger«, »Nacht« und »Dom«) sind einem einzigen Thema gewidmet: der Ächtung und Verfolgung Gretchens und deren Konsequenz. Goethe läßt Faust in diesen Szenen kein einziges Mal auftreten. Es gibt auch nicht den geringsten Anhaltspunkt für die etwaige Vermutung, er habe sich um das schwangere Gretchen je gekümmert. Darauf, was nun im Vordergrund von Fausts Leben steht, verweisen seine Worte: »So tauml' ich von Begierde zu Genuß, / Und im Genuß verschmacht' ich nach Begierde.«

Gretchen hat ihre Mutter umgebracht, sie hat ihr Kind ertränkt, sie hat zum Tod ihres Bruders beigetragen. Sie ist schuldig geworden, sie ist unschuldig geblieben, sie ist ein Opfer der Welt, in der sie lebte. So wird sie gerichtet, so wird sie gerettet. Das Wort, auf das die ganze »Faust«-Dichtung hinausläuft, das Wort vom »Ewig-Weiblichen«, das uns hinanzieht – ihr gilt es, ihr, die Gnade walten läßt und ihm verzeiht, dem Geliebten, dem »nicht mehr Getrübten«. Nichts anderes ist mit dem »Ewig-Weiblichen« gemeint als die Liebe, die schenkende und beglückende, die verzeihende.

Es war nie Goethes Ehrgeiz oder Absicht, dem Volk, den Menschen, dem Ganzen zu nützen oder gar zu dienen. Und keine Idee hat er im Sinne gehabt. Er wollte vielmehr, wie er selber es einmal gesagt hat, nur sein Ich ausdrücken. Er hat es, wie man weiß, immer wieder getan – vom Werther, Clavigo und Tasso bis zum Faust und Mephisto, doch nirgends reizvoller und anmutiger als in seinen Frauenfiguren, vor allem in der Gestalt des Clärchens, die spürt und erkennt, daß glücklich allein die Seele ist, die liebt, und noch einmal und auf der höchsten uns vorstellbaren Ebene der Dichtung in der Geschichte Gretchens, die sündigte, weil sie liebte.

Zur Sehnsucht nach Liebe gehörte in Goethes Leben, immerfort und unzertrennlich, seine Angst vor der Liebe: Er benötigte sie als Zuflucht, er war auf sie angewiesen. Und er floh vor ihr, die ihn immer wieder in Schrecken versetzte. Ob er ihr Siege oder Niederlagen verdankte, die Liebe war jedesmal eine Steigerung seines Lebens, eine selige oder eine verzweifelte. Er und seine Mädchen und Frauen werden von der Liebe gesegnet und geschlagen, gestärkt und entwaffnet. Berückend bleibt das eine wie das andere.

Letztlich ist die Liebe in Goethes Dichtung – erschrecken Sie nicht! – ein Spiel, aber ein leidenschaftliches und erhabenes, ein den Menschen bezauberndes Spiel – ein Spiel wie die Literatur. Und die Literatur ist für Goethe eine zarte und gewaltige Passion – wie die Liebe.

2002

Die weite Welt war seine Sache nicht

»Wem Gott will rechte Gunst erweisen, den schickt er in die weite Welt.« So dichtete einst Joseph von Eichendorff, unser Eichendorff, dessen Gedichte uns ein Leben lang begleiten. Hätte Goethe diese treuherzige und rasch volkstümlich gewordene Behauptung des großen Romantikers ohne Widerspruch hingenommen?

Sein Lebensweg reichte von der Stadt, in der er geboren wurde, bis zu dem kleinen Ort, den er in den Rang einer Kulturmetropole erhoben hat, einer Metropole, von der seine die zivilisierte Menschheit umspannende, die Menschheit verblüffende Wirkung ausging. Von dem Haus am Großen Hirschgraben in Frankfurt führte sein Weg bis zum höchsten Gipfel des deutschen Geistes und der europäischen Kultur. Ja, er war für ganz Europa der erste Deutsche und für ganz Deutschland der erste, der größte Europäer. Aber kann man ihn auch einen Weltbürger nennen?

Sicher ist, daß ihn die »weite Welt« keineswegs lockte, daß er sich gegen sie beinahe sein Leben lang wehrte, daß er sich ihr ständig entziehen wollte.

1788 schrieb er aus Rom an den Herzog Karl August, er habe bisher »allen widerstanden«, die ihn »in die Welt ziehen wollten«, weil es ihm vor allem um seine »Hauptsachen zu tun war« und weil »die Welt nicht gibt, sondern nimmt«. Schon als junger Mann bestand er darauf – in einem Brief von 1794 –, daß »alles Schreibens Anfang und Ende« zwar nichts anderes sei als »die Reproduktion der Welt um mich«, doch »durch die innere Welt, die alles packt, verbindet, neuschafft, knetet und in eigner Form, Manier, wieder hinstellt«. Weil es ihm mit aller Entschiedenheit auf diese »innere Welt« ankam, lag ihm am Reisen nicht sonderlich, und er war nur in Grenzen bereit, die Welt um ihn, die äußere Welt zur Kenntnis zu nehmen.

Das gilt auch für sein Italienerlebnis. Kurz bevor er nach Rom kam, notierte Goethe in seiner »Italienischen Reise«, er »betrachte mit Erstaunen, wie man reisen kann, ohne etwas außer sich gewahr zu werden«. Nicht uninteressant, daß er dies in einer nicht eben reizlosen Stadt bemerkte: in Venedig.

Auch Rom änderte so gut wie nichts an seiner Einstellung: Zwar sei für ihn »alles neu«, doch letztlich sei »alles, wie ich mir's dachte«. Während seines Aufenthaltes in Neapel heißt es knapp und skeptisch: »Reisen lern' ich wohl auf dieser Reise, ob ich leben lerne, weiß ich nicht.« Wer weiß, ob nicht hinter dieser Feststellung sich die uneingestandene Sehnsucht nach der deutschen Heimat verbirgt.

Was ist – lesen wir an anderer Stelle – »der eigentlichste Gewinn der Reisen«? Wir können erfahren, daß wir »eines reinen Enthusiasmus fähig« seien. Nach der Rückkehr nach Weimar schreibt Goethe in einem Brief an Caroline von Herder, man reise nicht, »um anzukommen, sondern um zu reisen«. Sein Interesse an den Reisezielen hielt sich offensichtlich in Grenzen.

Von dem Gedanken, Reisen seien vielleicht geeignet, die Welterfahrung des Dichters zu vertiefen und zu vergrößern, wollte Goethe nichts wissen; er meinte, dies wäre geradezu abwegig. Er fand es weder ungewöhnlich noch bedauerlich, daß Schiller den »Fiesco« und die »Braut von Messina«, den »Don Carlos« und die »Maria Stuart«, die »Jungfrau von Orleans« und den »Tell« geschrieben hatte, ohne je Italien und Spanien, Frankreich und die Schweiz besuchen zu können.

Goethe hatte auch nie das Bedürfnis, nach Athen zu reisen, es genügte ihm ganz und gar, das Land der Griechen mit der Seele zu suchen. Er war weder in Paris noch in London, weder in Madrid noch in Petersburg. Er hielt sich mehrfach in Karlsbad und Marienbad auf, aber er hatte keine Lust, das doch nah gelegene Prag zu sehen. Er war nie in Wien.

Und in Berlin? Nur ein einziges Mal war Goethe in Berlin und nur einige Tage, im Mai 1778, als Begleiter des Herzogs Karl August. Gewiß, das Reisen war damals beschwerlich und mühselig und nicht selten auch riskant. Wollte man einigermaßen bequem reisen, so war das kostspielig. Mit alldem hat Goethes entschiedene und permanente Mißbilligung des Reisens freilich nichts zu tun.

Seine einzige Auslandsreise – neben den Italienreisen und den Aufenthalten in der Schweiz – fällt in das Jahr 1792: Auf Wunsch des Herzogs Karls August sah sich Goethe genötigt, am Feldzug der österreichisch-preußischen Armee und ihrer Verbündeten gegen das revolutionäre Frankreich teilzunehmen. Die autobiographische Schrift, die seine Erlebnisse in dieser Zeit festhält (»Campagne in Frankreich 1792«), schließt mit dem doch erstaunlichen Fazit: »Wir wenden uns, wie auch die Welt entzücke, der Enge zu, die uns allein beglücke.«

Bis zum Ende seines Lebens blieb Goethe dieser Ansicht treu. Er schrieb 1830: »Die weite Welt, so ausgedehnt sie auch sei, ist immer nur ein erweitertes Vaterland und wird, genau besehen, uns nicht mehr geben, als was der einheimische Boden auch verlieh.« Und in einem Gespräch mit Eckermann im Jahre 1824 empfiehlt Goethe, das ganze Reisen ein für allemal zu unterlassen: »Wen nicht große

Zwecke in die Fremde treiben, der bleibt weit glücklicher zu Hause.«

Auf ihn selber bezogen, ist Goethes Standpunkt durchaus begreiflich. Seine Vorstellung von der Welt war so außerordentlich, so tief und umfassend, daß er der unmittelbaren Anschauung nicht bedurfte. Mehr noch: Er befürchtete, sie könnte seine »innere Welt« trüben und stören. Wer wollte etwas dagegen einwenden, daß er sie ein Leben lang abwehrte, daß seine Vorstellung der Welt ohne unmittelbare Anschauung möglich war?

»Greift nur hinein, in's volle Menschenleben! ... Und wo ihr's packt, ist's interessant«. Dieses gern zitierte Wort der Lustigen Person im Vorspiel auf dem Theater ist ein Selbstbekenntnis Goethes. Er war des Menschenlebens, er war der Welt in höchstem Maße begierig, aber er war entschlossen, alles auf sich zukommen zu lassen. Daher seine enorme Korrespondenz, daher die zahllosen Besucher, die er empfangen hat, auch wenn sie ihm lästig waren, daher die vielen ausgedehnten Gespräche, für die ihm offenbar nie die Zeit fehlte.

Doch sollte man nicht übersehen, daß Goethes ständige Befürwortung des »einheimischen Bodens« und der uns angeblich beglückenden Enge nicht unbedingt von dem ihm oft nachgerühmten Weltbürgertum zeugt. Ob es uns nun gefällt oder nicht –

es läßt eher erkennen, daß sein Charakterbild von einem Zug ins Provinzielle nicht ganz frei war.

Ist es denn überhaupt möglich, über ein halbes Jahrhundert in einem im Grunde kümmerlichen Residenzstädtchen zu leben und sich von den Einflüssen dieser Umgebung ganz freizuhalten? Ich weiß schon: Genialität und Provinzialismus kann man schwerlich miteinander vereinbaren. Aber in diesem Fall lassen sie sich eben doch nicht ganz ausschließen.

Jedes Genie hat seine Grenzen und seine Schwächen – natürlich auch Goethe. Er, der mit seiner Existenz den Begriff »Deutschtum« neu definiert hat, war der deutscheste aller Deutschen. Aber ein Weltbürger war er nicht. Vielleicht konnte er das eine sein, weil er das andere nicht werden wollte.

2002

Interpretationen

JOHANN WOLFGANG GOETHE
Rezensent

Da hatt ich einen Kerl zu Gast,
Er war mir eben nicht zur Last,
Ich hatt so mein gewöhnlich Essen.
Hat sich der Mensch pump satt gefressen
Zum Nachtisch was ich gespeichert hatt!
Und kaum ist mir der Kerl so satt,
Tut ihn der Teufel zum Nachbar führen,
Über mein Essen zu raisonnieren.
Die Supp hätt können gewürzter sein,
Der Braten brauner, firner der Wein.
Der tausend Sackerment!
Schlagt ihn tot den Hund! Es ist ein Rezensent.

Ein Gegner der Meinungsfreiheit

Alle Dichter schreiben schlechte Gedichte. Die guten Poeten unterscheiden sich von den schlechten nur dadurch, daß sie bisweilen auch *gute* Gedichte verfassen. Und wie ist es mit Goethe? Er genießt den Ruf, Deutschlands größter Lyriker zu sein. Das stimmt schon. Wenn es um die Poesie geht, kann ihm keiner das Wasser reichen. Aber natürlich hat auch er, der unverbesserliche Vielschreiber, zahlreiche mäßige oder schwache Gedichte produziert, gelegentlich sogar törichte. Doch das dümmste, das seiner Feder entstammt, ist wohl das Gedicht »Rezensent«, veröffentlicht im März 1774.

Über den unmittelbaren Anlaß, der zu diesen Versen geführt hat, sind wir nicht informiert. Es mag sein, daß die Sache mit Christian Heinrich Schmid zusammenhing. Von diesem Gießener Professor der Dichtkunst und Beredsamkeit, der sich auch als Rezensent betätigte, hatte der junge Goethe offenbar keine hohe Meinung: Er sei – so in einem Brief vom 25. Dezember 1772 zu lesen – »ein wahrer Esel« und obendrein ein »Scheiskerl«. Ob nun Schmid oder ein anderer – sicher ist, daß Goethe attackiert wurde und daß er kräftig zurückschlagen wollte. Dagegen bräuchte man noch nichts einzuwenden, wenn nur der Racheakt etwas intelligenter geraten wäre.

»Da hatt ich einen Kerl zu Gast ...« Hier stock' ich schon. Warum hat jener, der hier berichtet – und wir können annehmen, daß es Goethe persönlich ist –, einen Kerl eingeladen, der einer von ihm verabscheuten Zunft angehört? Denn daß es ein Rezensent war, muß er gewußt haben. Die Selbstrechtfertigung läßt denn nicht auf sich warten: »Er war mir eben nicht zur Last ...« Eine auffallend dürftige Rechtfertigung: Seit wann lädt man jemanden, der einem nur »eben nicht zur Last« fällt, zum Essen ein? Wollte Goethe gar den Rezensenten für sich einnehmen? Es scheint, daß diesen (doch naheliegenden) Verdacht der Hinweis entkräften soll, es habe keineswegs ein besonders üppiges Mahl gegeben, sondern bloß sein »gewöhnlich Essen«.

Worüber bei Tisch geredet wurde, erfahren wir nicht, statt dessen hören wir, der Gast habe kräftig zugegriffen und sich »pump satt gefressen«, was schwerlich als Vorwurf gelten kann. Indes habe er sich wenig später zu einem Nachbarn über das, was ihm vorgesetzt wurde, ungünstig geäußert. Das ist weder schön noch höflich. Wie aber, wenn die Suppe wirklich fad war und der Braten nicht knusprig genug und der Wein ein wenig sauer? Wie also, wenn – was wir nicht ausschließen können – der Unhöflichkeit der Mangel an Gastfreundschaft vorangegangen war? Hat vielleicht der Eingeladene einen Verstoß gegen die gesellschaftliche Konvention in Kauf genommen, um die Wahrheit sagen zu können? Ist es verwerflich, die Ehrlichkeit mehr zu schätzen als die Höflichkeit?

Die Frage erübrigt sich, weil wir es mit einem Gleichnis zu tun haben, und zwar mit einem solchen, das hinten und vorne nicht stimmt. Denn Goethe hat nichts anderes im Sinn als die Kritik. Aber der Rezensent, der sich der Arbeiten eines Schriftstellers annimmt, ist nicht von diesem hierzu ausgewählt und eingeladen worden und wird nicht von ihm bewirtet. Im Gegenteil: Er ist gehalten, das, was der Autor geleistet hat, zu prüfen und zu beurteilen und seine Meinung möglichst klar darzulegen, und zwar ohne sich darum zu kümmern, ob dies dem Betroffenen gefallen werde oder nicht.

Indem Goethe seine Leser auffordert, die Rezensenten totzuschlagen, entpuppt er sich als ein Anhänger der Todesstrafe und als ein Gegner der Meinungsfreiheit; überdies ist auch der Tatbestand der Volksverhetzung erfüllt. Und warum das alles? Kaum war das Gedicht »Rezensent« gedruckt, da wurde Goethe öffentlich belehrt. Der Dramatiker Heinrich Leopold Wagner, den vor allem die Tragödie »Die Kindermörderin« bekannt gemacht hat, publizierte ein Gegengedicht, das mit den Worten endet: »Schmeißt ihn todt, den Hund! Es ist ein Autor der nicht kritisiert will sein.«

1990

JOHANN WOLFGANG GOETHE
Alles geben die Götter

Alles geben die Götter, die unendlichen,
Ihren Lieblingen ganz,
Alle Freuden, die unendlichen,
Alle Schmerzen, die unendlichen, ganz.

Ihr Liebling

Ich liebe dieses Gedicht, diese achtzehn Worte. Aber sind es wirklich achtzehn Worte oder vielleicht nur siebzehn? Goethe selber hat den vier Versen – man kann es kaum glauben – keine Bedeutung beigemessen. Er notierte sie 1777 in einem Brief an die Gräfin zu Stolberg, eine etwas jüngere Dame, die er nie gesehen hat, die er aber dringend benötigte – als Korrespondenzpartnerin, als Adressatin seiner Monologe. In eine Buchausgabe seiner Lyrik hat er das kurze Gedicht nie aufnehmen lassen.

Trotzdem wurde es bald veröffentlicht: Der Bruder der Empfängerin, Graf Friedrich Leopold zu Stolberg, hat die vier Verse in einem Aufsatz in der Zeitschrift »Deutsches Museum« zitiert. Der erste Vers lautet hier: »Alles geben die Götter, die unendlichen …« So wurde das Gedicht über hundert Jahre lang in allen Goethe-Ausgaben gedruckt.

Doch in dem Brief an die Gräfin zu Stolberg, um den sich offenbar kein Editor gekümmert hat, beginnt das Gedicht anders: »Alles gaben Götter, die unendlichen …« Also wie nun: »geben« oder »gaben«, »Götter« oder »die Götter« und somit siebzehn Worte oder achtzehn? Hat es Stolberg etwa gewagt, Goethes Verse zu redigieren? Das kann ich nicht glauben. Denn wäre es so, dann hätte der Autor, der das »Deutsche Museum« zu lesen pflegte, sofort protestiert. Es ist eher anzunehmen, daß die neue Fassung von Goethe selber stammte. Sollte aber Stolberg die beiden Änderungen vorgeschlagen oder vorgenommen haben, dann hat sie, dessen bin ich ziemlich sicher, Goethe gebilligt – stillschweigend oder in einem verlorengegangenen Brief.

Der Unterschied zwischen den beiden Fassungen ist keineswegs geringfügig. Die Hinzufügung des Artikels »die« verleiht auch dem ersten Vers den gleichmäßigen Rhythmus der drei übrigen Verse. Ich glaube nicht, daß Goethe diesen Rhythmus zunächst durchbrechen wollte. Und mit dem Verbum in der Vergangenheit drückt er eine allgemeine Erfahrung aus oder eine geschichtliche Erkenntnis: So war es einst, behauptet er. Heißt es aber im ersten Vers »geben«, dann ist mit dem Gedicht ein gegenwärtiger Zustand gemeint und (möglicherweise) eine persönliche Erfahrung.

Um nicht mißverstanden zu werden, schreibt Goethe in dem Brief an die Gräfin zu Stolberg von der »Unruhe des Lebens« — er meint: seines Lebens —, läßt darauf die vier Verse folgen und fügt sogleich hinzu: »So sang ich neulich, als ich tief in einer herrlichen Mondnacht aus dem Flusse stieg der vor meinem Garten fliesst; und das bewahrheitet sich täglich an mir.« Von der Gleichzeitigkeit der außerordentlichen Freuden und der außerordentlichen Schmerzen in seinem Dasein hatte er sich etwas früher in einem Brief an seine Mutter geäußert: daß ihm nämlich der Tod der Schwester Cornelia (sie war am 8. Juni 1777 gestorben) »nur desto schmerzlicher sei«, als er ihn »in so glücklichen Zeiten« überrasche.

Dürfen wir das kurze Gedicht als eine Selbstcharakteristik verstehen? Aber wann immer Goethe über sich selber spricht, spricht er auch über andere. Er weiß, daß er zu den Lieblingen der Götter gehört, er sagt es nicht nur in diesem Vierzeiler, sondern auch bei anderen Gelegenheiten, so gegen Ende jener späten »Elegie«, die wir die Marienbader nennen. Doch zugleich bezieht Goethe dieses Wort auf die Künstler, die Dichter: sie sind Lieblinge der Götter, denn sie zeichnet die gesteigerte Fähigkeit aus, Glück zu erleben und Leiden zu empfinden.

Freilich haben wir damit bloß *eine* Voraussetzung des literarischen Künstlertums. Sie bedarf, um sich manifestieren zu können, noch einer anderen Fähigkeit: Wenn der Mensch in seiner Qual verstummt, ist es ihm, dem Poeten, gegeben, zu sagen, wie er leidet und was er leidet. Begnadet und gesegnet mit allen Freuden, den unendlichen, und geschlagen und gequält mit allen Schmerzen, den unendlichen, wurde Goethe zum Sachverwalter der Glücklichen und der Leidenden, der Liebenden und der Verliebten. Oder auch: zum Dichter der Liebe.

1999

JOHANN WOLFGANG GOETHE
Freudvoll und leidvoll

Freudvoll
Und leidvoll,
Gedankenvoll sein,
Langen
Und bangen
In schwebender Pein,
Himmelhoch jauchzend,
Zum Tode betrübt;
Glücklich allein
Ist die Seele, die liebt.

Die schwebende Pein

Der Missetäter heißt Beethoven. Denn durch seine (übrigens herrliche) Vertonung wurde dieses Gedicht fast unmerklich der deutschen Lyrik entzogen. Aus dem zarten und intimen Lied eines liebenden Mädchens hat er den effektvollen Auftritt einer Primadonna gemacht. Nur der Anfang ist schlicht, dann aber treibt die verhältnismäßig opulente Orchesterbegleitung – zumal das Crescendo vor den Worten »Himmelhoch jauchzend« – das Ganze ins

Hochdramatische: Aus dem Klärchen-Lied wird fast eine Fidelio-Arie. Doch die das summt und singt, ist nicht eine Heroine, sondern des Grafen Egmont naiver Bettschatz. So hat Beethovens Musik den Text Goethes zugedeckt, wenn auch, zugegeben, auf erhabene Weise.

Seitdem ist es üblich, dieses Lied lediglich als einen Bestandteil des Trauerspiels »Egmont« und nicht als ein selbständiges Gedicht zu behandeln: Es gehört nicht zum Kanon der deutschen Poesie, es findet sich, soweit ich sehe, nur selten in Lyrik-Anthologien, es wird von den Herausgebern der Schul-Lesebücher hartnäckig ignoriert. Aber es ist, jedenfalls für mich, das schönste, das vollkommenste erotische Gedicht in deutscher Sprache.

Goethes Worte – es sind insgesamt nicht mehr als dreiundzwanzig – beschreiben einen Gemütszustand von außergewöhnlicher Labilität. Ihn charakterisieren extreme Schwankungen – zwischen »freudvoll« und »leidvoll« bis hin zu dem Gegensatz von höchstem Lebensgefühl und tiefster Niedergeschlagenheit, wenn nicht Verzweiflung.

Bezieht sich die Formulierung »Himmelhoch jauchzend, zum Tode betrübt« auf jemanden, der an einer psychischen Krankheit leidet? Wollte Goethe das Bild eines manisch-depressiven Menschen skizzieren? Nicht unbedingt. Wir haben es jedoch mit einem insofern krankhaften oder zumindest scheinbar krankhaften Fall zu tun, als die raschen und heftigen Schwankungen zwischen Euphorie und Melancholie, von denen hier die Rede ist, keinen rationalen Grund haben. Gleichwohl wird, was sie auslöst, deutlich benannt – allerdings erst mit dem letzten Wort des Gedichts: Es geht um die Liebe.

Zwischen den beiden Gegenüberstellungen – der nachdenklich gemäßigten und der extrem gesteigerten, bei der es keinen Platz mehr für die Vokabel »gedankenvoll« gibt – verweist Goethe auf das Element, das zu diesen polaren Spannungen und Schwankungen gewiß beiträgt, ja sie offenbar verursacht: die Angst.

Indes heißt es am Ende: »Glücklich allein ist die Seele, die liebt.« Glücklich trotz der schwebenden Pein? Nein, nicht trotz, sondern eben dank der unentwegten Furcht, das Einzigartige, das kaum Faßbare könne so plötzlich zu Ende gehen, wie es begonnen hat. Nur derjenigen Liebe, die auch gefährdet, also unsicher ist, verdankt der Mensch das höchste Glück. Die Angst erscheint somit nicht bloß als eine unvermeidbare Begleiterscheinung der Liebe, sondern als ihr Fundament und ihre Voraussetzung.

Aber wen hat Klärchen im Sinn? In Goethes frühen erotischen Gedichten hören wir immer von einem Partner, von dem Objekt der so intensiven Zuneigung. Klärchen hingegen spricht ausschließlich von sich selber, von ihrer Liebe. Die Frage, wem dieses Gefühl, das die Zurechnungsfähigkeit des Individuums unzweifelhaft beeinträchtigt, denn eigentlich gilt, wird bewußt ausgespart: Es ist, verstehen wir, eine belanglose Frage. Denn der Gott, man kann es schon bei Plato lesen, ist nicht bei Geliebten, sondern beim Liebenden. Anders ausgedrückt: Die Fähigkeit zu lieben ist ungleich größer und höher als die Gabe – oder sollte man sagen: Gnade? –, geliebt zu werden. Auch darauf deutet dieses prägnante Gedicht hin.

Goethe, haben wir gelernt, wollte wissen, was die Welt im Innersten zusammenhält. Das ist schon richtig. Doch noch mehr, so will es scheinen, interessierte und irritierte ihn die Liebe: Er empfand das Leben erotisch. So hatte er denn auch die Kühnheit zu verkünden: »Da wo wir lieben / Ist Vaterland.«

1981

JOHANN WOLFGANG GOETHE
An vollen Büschelzweigen

An vollen Büschelzweigen,
Geliebte, sieh nur hin!
Laß dir die Früchte zeigen,
Umschalet stachlig grün.

Sie hängen längst geballet,
Still, unbekannt mit sich,
Ein Ast, der schaukelnd wallet,
Wiegt sie geduldiglich.

Doch immer reift von innen
Und schwillt der braune Kern,
Er möchte Luft gewinnen
Und säh' die Sonne gern.

Die Schale platzt, und nieder
Macht er sich freudig los;
So fallen meine Lieder
Gehäuft in deinen Schoß.

Sie ist bis heute unser aller Glück

Käthchen Schönkopf und Lili Schönemann, die Friederike aus Sesenheim, Charlotte Buff und Charlotte von Stein, Christiane, die er in sein Haus genommen hat, Marianne, die Unvergleichliche, und die anderen alle – bis hin zu der kleinen Ulrike, der wir die große Elegie verdanken, die Marienbader. Sie haben ihn bewundert, verehrt, geliebt. Und er, Goethe? Er hat an diese Mädchen und Frauen viele seiner Verse gerichtet, vielleicht die schönsten. Er hat sie besungen, wie noch nie Mädchen und Frauen besungen wurden, jedenfalls nicht in deutscher Sprache.

Die Liebe war der Urgrund seiner Existenz und folglich auch seines Dichtens. Aber wie war das eigentlich: Mußte Goethe dichten, weil er geliebt hat? Oder hat er geliebt, weil er dichten wollte und mußte? War also sein Lieben gleichsam ein Mittel zu seinem Werk? So einfach ist das wieder nicht. Nur: Er war in höchstem Maße egozentrisch und also monologisch veranlagt. An wen er sich in seinen Gedichten auch wandte, er sprach mit sich selbst und so gut wie immer nur über sich selbst.

In seinen erotischen Versen ist von dem Liebenden die Rede, selten von der Geliebten. In einem der berühmtesten Gedichte des jungen Goethe, jenem, das mit den Worten »Wie herrlich leuchtet / Mir die Natur!« beginnt, wird der Adressatin, es ist Friederike, gewünscht: »Sei ewig glücklich, / Wie du mich liebst.« Das ist unmißverständlich: Das Glück der Angesprochenen hat damit zu tun, daß sie ihn, den Herrn aus Frankfurt, lieben darf. Und aus den unmittelbar vorangehenden Versen konnte sie die wichtigste Ursache dieses beschwörenden Wunsches erfahren: Mit ihrer Jugend habe sie, Friederike, dem Autor der Verse »zu neuen Liedern und Tänzen« verholfen. Das war offenbar alles. So fing es in seinen jungen Jahren an, und so ist es geblieben: Die Frauen, die seinen Weg kreuzten, hatten allesamt – mochten sie von so schlichter Geistesart sein wie das Blumenmädchen Christiane oder so gescheit wie die Hofdame von Stein –, sie hatten alle ihm zu dienen, also zu seinem Werk, zu neuen Liedern beizutragen.

Als Goethe Riemer gegenüber einmal bemerkte, daß die meisten Menschen nicht das an dem anderen lieben, was er tatsächlich ist, vielmehr das, was sie ihm leihen, daß sie bloß »ihre Vorstellung von ihm« lieben, also sich selber – da sprach er mit Sicherheit auch von *seiner* Beziehung zu den Frauen: Sie bedeuteten ihm alle weniger, als man seinen Versen entnehmen könnte. Und Marianne? Das Mädchen, das mit einer Theatertruppe aus Österreich nach

Frankfurt gekommen war, traf Goethe, kurz bevor sie den erheblich älteren Bankier von Willemer geheiratet hatte. Sie war eine einzigartige Person, jedenfalls im Leben von Goethe. Was sie von den anderen Frauen unterschied, das war ihre erstaunliche musische Begabung. Sie konnte offenbar alles, was sie wollte: tanzen, singen, dichten – und auch Verführen.

Doch es war umgekehrt: Der sechsundsechzigjährige Goethe hat Marianne im Sommer und Herbst 1815 (sie war damals dreißig Jahre alt) bezaubert und sogleich verführt, regelrecht verführt – doch nur zu einem Spiel, einem Liebesspiel, einem harmlosen. Er ist entzückt, er spürt »Frühlingshauch und Sommerbrand«, es entstehen in rascher Folge neue Gedichte. Zwölf, dreizehn Jahre später wird er Eckermann sagen, daß »bei vorzüglich begabten Menschen, auch während ihres Alters, immer noch frische Epochen besonderer Produktivität« wahrzunehmen seien. Er spricht von »temporärer Verjüngung«. Das bezieht sich auf die Zeit des »West-östlichen Divans«, auf die Wochen und Monate im Zeichen Mariannes. Sie wird freilich in diesem Rückblick nicht einmal erwähnt. Dankbarkeit gehörte nicht zu den hervorstechenden Eigenschaften Goethes.

Marianne hat das Spiel mitgemacht, sie war eine fabelhafte Partnerin, eine bessere hätte er sich nicht wünschen können. Sie war sein Glück, sie ist bis heute unser aller Glück. Denn ihr verdanken wir das Kernstück des »Divans«, das »Buch Suleika«. Die abermalige Jugend, die er sich einredete, die Liebe zu Marianne, die er sich ebenfalls wohl einbildete, hat er im orientalischen Kostüm verfremdet und verklärt. Und sie hat das erotische Spiel zu einem poetischen Dialog erhoben, indem sie zwei, drei eigene Gedichte beisteuerte, die so schön sind, daß Goethe sie in den »Divan« übernehmen konnte. Aber in dem Augenblick, da er spürte, womit er wohl nicht gerechnet hatte, daß sich nämlich die heiteren Gefühle der jungen, der schwärmenden Frau in ein Liebesfeuer zu verwandeln begannen – hat er sich, wie schon so oft in seinem Leben, von der Partnerin rasch verabschiedet und ist geflohen.

Sie verfiel in tiefe Depression und bat ihn wiederholt um ein Treffen. Mariannes Mann schloß sich dieser Bitte an. Goethe wollte davon nichts wissen. Er hat sie nie wiedergesehen. Das ist sicher und nicht neu: Er war ein bis zur Grausamkeit hartherziger Mensch. Nicht wenige Frauen hätten darüber berichten können, auch Christiane Vulpius. Aber vielleicht war diese Hartherzigkeit die unerläßliche Voraussetzung für sein Werk.

Das Gedicht, das mit den Worten »An vollen Büschelzweigen ...« beginnt, stammt aus dem

»Buch Suleika«. Er hat diese Verse wenn nicht für Marianne geschrieben, so doch mit dem Gedanken an sie. Es ist eines der weniger bekannten Gedichte des »Divans«, es wird nie zitiert, kaum kommentiert. Warum? Ich weiß es nicht, aber ich bitte, es mir zu glauben: Für mich ist es der Inbegriff der Poesie des reifen, des alten Goethe. Vollkommene Verse sind es, die seiner Lyrik einen ganz neuen Ton hinzufügen. Gelassenheit mit ruhiger Beschwingtheit vereint dieses Naturgedicht, aus ihm sprechen Zuversicht und Glück. Es ist auf höchster Ebene kunstvoll und gleichwohl von fließender, ja von zwingender Natürlichkeit. Sie wird von unüblichen Worten nicht im geringsten beeinträchtigt. Goethe verblüfft uns mit einem neuen, einem wunderbaren Verbum (»umschalen«), er verwendet ein schon zu seinen Zeiten längst veraltetes Wort (»geduldiglich«), er läßt einen Ast »wallen«, die Früchte sind »längst geballet«.

Die Naturverbundenheit gehört zu den immerwährenden Elementen von Goethes Dasein und Dichten. Aber es war nie seine Sache, die Natur um ihrer selbst willen zu besingen. Wohin er auch blickte, er hatte – wie er es selber sagte – beständig »die Symbole der sich ewig abnutzenden und immer sich verjüngenden Welt« vor Augen. Die Frauen und die Blumen, der Mond und die Sterne, der Wald und das Reh – in allen sah er die ewige Zier. Und in allen darf der Leser Symbole finden und entdecken, er darf sie genießen.

Auch der Baum, der hier der Aufmerksamkeit jener empfohlen wird, die Goethe seine Geliebte nennt und die es vielleicht auch sein wollte, ist zunächst nichts anderes als ein realer Baum. Da dessen Früchte »umschalet stachlig grün« sind (also stachlige grüne Schalen haben), muß es sich um einen Kastanienbaum handeln. Sein Ast wiegt »geduldiglich«, doch in den grünen Früchten reift von innen und schwillt der braune Kern, der, offensichtlich mit einem Tier oder mit einem menschlichen Wesen verglichen, Luft gewinnen möchte und zur Sonne drängt. Der Kern sprengt die Schale und macht sich freudig los.

Erst die letzten beiden Verse lassen den Sinn des Gedichts begreifen: Der von der Natur spricht, redet über sich selber und seine Poesie. Die schönen, die reifen Kastanien symbolisieren nichts anderes als seine neuen Lieder. Er überreicht sie nicht der Geliebten, er legt sie ihr nicht zu Füßen. Er läßt sie, gehäuft wie Früchte, in ihren Schoß fallen. Für sie, Marianne von Willemer, hat er diese Verse gedichtet, er hat sie für sie, kann man wohl sagen, gezeugt. Und sie durfte sie empfangen.

Goethes Weltsicht und seine Selbstwahrnehmung

waren in voller Übereinstimmung. Wie er stets einig mit seiner Aufgabe und seinem Ziel, mit dem Sinn seiner Existenz war, so war er einig mit der Natur, die ihn umgab. Er war im Einklang mit sich selbst wie sein Türmer Lynceus, den er singen läßt: »Und wie mir's gefallen / Gefall ich auch mir.«

2003

Nachweise

Bewundert, doch nicht geliebt
 Zuerst erschienen in der »Frankfurter Allgemeinen Zeitung« vom 18. August 1979. Den Anlaß boten der 230. Geburtstag Goethes und die erste Ausgabe seines Briefwechsels mit Johann Friedrich Cotta.

Der Verächter der Kritik
 Dankrede aus Anlaß der Verleihung der Goetheplakette der Stadt Frankfurt am Main, gehalten am 6. Juli 1984 im Kaisersaal des Frankfurter Rathauses. Zuerst gedruckt in der »Frankfurter Allgemeinen Zeitung« vom 25. August 1984.

Unser kostbarer Schatz
 Vorwort zu dem Band: »Johann Wolfgang von Goethe, 111 Gedichte mit Interpretationen.« Herausgegeben von Marcel Reich-Ranicki. Insel Verlag, Frankfurt/Main 1992.

Der Platz neben der Herzogin
 Auszug aus der Dankansprache anläßlich der Ver-

leihung der Wilhelm-Leuschner-Medaille, gehalten am 1. Dezember 1992 im Schloß Biebrich in Wiesbaden.

Deutschstunde für ganz Europa
Teilabdruck der Rede zur Verleihung des Goethepreises 1999 an Siegfried Lenz, gehalten am 28. August 1999 in der Frankfurter Paulskirche.

Die Literatur ist ein Spiel – wie die Liebe
Dankrede zur Verleihung des Goethepreises, gehalten am 28. August 2002 in der Frankfurter Paulskirche.

Die weite Welt war seine Sache nicht
Originalbeitrag

Interpretationen
Die vier Beiträge wurden zuerst in der »Frankfurter Allgemeinen Zeitung« und innerhalb der »Frankfurter Anthologie« gedruckt, und zwar am 20. Januar 1990, 28. August 1999, 15. August 1981 und 29. November 2003.

Marcel Reich-Ranicki im dtv

»Man hat mir früher vorgeworfen, ich sei ein Schulmeister.
Man wirft mir heute vor, ich sei ein Entertainer. Beides
zusammen ist genau das, was ich sein will.«
Marcel Reich-Ranicki

Deutsche Literatur in West und Ost
ISBN 3-423-10414-7

Nachprüfung
Aufsätze über deutsche
Schriftsteller von gestern
ISBN 3-423-11211-5

Literatur der kleinen Schritte
Deutsche Schriftsteller in den
sechziger Jahren
ISBN 3-423-11464-9

Lauter Verrisse
ISBN 3-423-11578-5

Lauter Lobreden
ISBN 3-423-11618-8

Über Ruhestörer
Juden in der deutschen
Literatur
ISBN 3-423-11677-3

Ohne Rabatt
Über Literatur aus der DDR
ISBN 3-423-11744-3

Mehr als ein Dichter
Über Heinrich Böll
ISBN 3-423-11907-1

Die Anwälte der Literatur
ISBN 3-423-12185-8
»Von allen meinen literatur-
kritischen Büchern ist mir
dieses das liebste.«
(Marcel Reich-Ranicki)

Meine Schulzeit im Dritten Reich
Erinnerungen deutscher
Schriftsteller
Hg. v. Marcel Reich-Ranicki
ISBN 3-423-12365-6

Über Hilde Spiel
Reden und Aufsätze
Mit zahlreichen Fotos
ISBN 3-423-12530-6

Der Fall Heine
ISBN 3-423-12774-0
Eine leidenschaftliche Annähe-
rung an den Fall Heine.

Entgegnung
Zur deutschen Literatur der
siebziger Jahre
ISBN 3-423-13029-6

Vom Tag gefordert
Reden in deutschen
Angelegenheiten
ISBN 3-423-13145-4

Bitte besuchen Sie uns im Internet: www.dtv.de

Marcel Reich-Ranicki im dtv

»Immer erzählt Marcel Reich-Ranicki lebendig, lehrreich, unterhaltsam – und vor allem klar und unverwechselbar.«
Heinz Ludwig Arnold in der ›Frankfurter Rundschau‹

Mein Leben
ISBN 3-423-13056-3
Marcel Reich-Ranickis große Autobiographie ist »das Dokument von der Schuld und Niedertracht eines Jahrhunderts und das Zeugnis einer dennoch unzerstörbaren Liebe zur deutschen Sprache und Literatur.« (Peter von Matt in seiner Laudatio zur Verleihung des Goethepreises der Stadt Frankfurt)

»Dieses Buch gehört zu den großen Geschichtserzählungen unseres Jahrhunderts.« (Peter von Becker im ›Tagesspiegel‹)

»Es ergreift durch die tonlose Stille des Entsetzens, durch subtile Andeutungen, polemisches Verschweigen, durch Lakonik und Zärtlichkeit... Nur herzlose Leser werden sich diesem Drama in Prosa entziehen können.« (Mathias Schreiber und Rainer Traub im ›Spiegel‹)

»Reich-Ranicki hat eine der schönsten Liebesgeschichten dieses Jahrhunderts geschrieben.« (Frank Schirrmacher in der ›FAZ‹)

Sieben Wegbereiter
Schriftsteller des 20. Jahrhunderts
ISBN 3-423-13245-0
Sieben Essays über Schnitzler, Th. Mann, Döblin, Musil, Kafka, Tucholsky und Brecht.

Über Marcel Reich-Ranicki:

Peter Wapnewski (Hrsg.)
Betrifft Literatur
Über Marcel Reich-Ranicki
ISBN 3-423-12016-9

Volker Hage, Mathias Schreiber
Marcel Reich-Ranicki
Ein biographisches Porträt
ISBN 3-423-12426-1

Hubert Spiegel (Hrsg.)
Welch ein Leben
Marcel Reich-Ranickis Erinnerungen
Kritiken, Stimmen, Dokumente
ISBN 3-423-30807-9

Frank Schirrmacher
Marcel Reich-Ranicki
Sein Leben in Bildern
ISBN 3-423-30828-1

Bitte besuchen Sie uns im Internet: www.dtv. de

Heinrich Böll im dtv

»Man kann eine Grenze nur erkennen, wenn man sie
zu überschreiten versucht.«
Heinrich Böll

Irisches Tagebuch
ISBN 3-423-00001-5

Zum Tee bei Dr. Borsig
Hörspiele
ISBN 3-423-00200-X

Ansichten eines Clowns
Roman
ISBN 3-423-00400-2

Wanderer, kommst du nach Spa...
Erzählungen
ISBN 3-423-00437-1

Ende einer Dienstfahrt
Erzählung
ISBN 3-423-00566-1

Der Zug war pünktlich
Erzählung
ISBN 3-423-00818-0

Wo warst du, Adam?
Roman
ISBN 3-423-00856-3

Gruppenbild mit Dame
Roman
ISBN 3-423-00959-4

Billard um halb zehn
Roman
ISBN 3-423-00991-8

Die verlorene Ehre der Katharina Blum
Erzählung
ISBN 3-423-01150-5

Das Brot der frühen Jahre
Erzählung
ISBN 3-423-01374-5

Ein Tag wie sonst
Hörspiele
ISBN 3-423-01536-5

Haus ohne Hüter
Roman
ISBN 3-423-01631-0

Du fährst zu oft nach Heidelberg und andere Erzählungen
ISBN 3-423-01725-2

Fürsorgliche Belagerung
Roman
ISBN 3-423-10001-X

Was soll aus dem Jungen bloß werden? Oder: Irgendwas mit Büchern
ISBN 3-423-10169-5

Die Verwundung und andere frühe Erzählungen
ISBN 3-423-10472-4

Bitte besuchen Sie uns im Internet: www.dtv.de

Heinrich Böll im dtv

**Schriften und Reden
1952–1985**
in 9 Bänden (dtv 10601–10609)

Frauen vor Flußlandschaft
Roman
ISBN 3-423-11196-8

Eine deutsche Erinnerung
ISBN 3-423-11385-5

Nicht nur zur Weihnachtszeit
Erzählungen
ISBN 3-423-11591-2

Unberechenbare Gäste
Erzählungen
ISBN 3-423-11592-0

Entfernung von der Truppe
Erzählungen
ISBN 3-423-11593-9

**Die Hoffnung ist wie ein
wildes Tier**
Briefwechsel mit Ernst-Adolf
Kunz 1945–1953
ISBN 3-423-12300-1

Der blasse Hund
Erzählungen
ISBN 3-423-12367-2

Der Engel schwieg
Roman
ISBN 3-423-12450-4

Und sagte kein einziges Wort
Roman
ISBN 3-423-12531-4

Das Vermächtnis
Erzählung
ISBN 3-423-13017-2

**Briefe aus dem Krieg
1939–1945**
2 Bände
ISBN 3-423-13126-8

Rom auf den ersten Blick
Landschaften · Städte · Reisen
ISBN 3-423-13204-3

H. Böll/H. Vormweg
**Weil die Stadt so fremd
geworden ist ...**
ISBN 3-423-10754-5

NiemandsLand
Kindheitserinnerungen an
die Jahre 1945 bis 1949
Herausgegeben von
Heinrich Böll
ISBN 3-423-10787-1

Das Heinrich Böll Lesebuch
Herausgegeben von
Viktor Böll
ISBN 3-423-13016-4

Bitte besuchen Sie uns im Internet: www.dtv.de

Über Heinrich Böll
im dtv

»Ohne daß er es wollte, verkörpert er heute die deutsche
Literatur und mehr als die Literatur.«
Marcel Reich-Ranicki

Marcel Reich-Ranicki

Mehr als ein Dichter
Über Heinrich Böll

ISBN 3-423-11907-1

Bernd Balzer

Das literarische Werk Heinrich Bölls

Einführung und Kommentare
ISBN 3-423-30650-5

dtv portrait

Heinrich Böll

von Viktor Böll und Jochen Schubert
ISBN 3-423-31063-4

»Die Sprache kann der letzte Hort der Freiheit sein.«
Heinrich Böll

Bitte besuchen Sie uns im Internet: www.dtv.de

Günter Grass im dtv

»Günter Grass ist der originellste und
vielseitigste lebende Autor.«
John Irving

Die Blechtrommel
Roman
ISBN 3-423-11821-0

Katz und Maus
Eine Novelle
ISBN 3-423-11822-9

Hundejahre
Roman
ISBN 3-423-11823-7

Der Butt
Roman
ISBN 3-423-11824-5

Ein Schnäppchen namens DDR
ISBN 3-423-11825-3

Unkenrufe
ISBN 3-423-11846-6

Angestiftet, Partei zu ergreifen
ISBN 3-423-11938-1

Das Treffen in Telgte
ISBN 3-423-11988-8

Die Deutschen und ihre Dichter
ISBN 3-423-12027-4

örtlich betäubt
Roman
ISBN 3-423-12069-X

Der Schriftsteller als Zeitgenosse
ISBN 3-423-12296-X

Der Autor als fragwürdiger Zeuge
ISBN 3-423-12446-6

Ein weites Feld
Roman
ISBN 3-423-12447-4

Die Rättin
ISBN 3-423-12528-4

Aus dem Tagebuch einer Schnecke
ISBN 3-423-12593-4

Kopfgeburten
ISBN 3-423-12594-2

Gedichte und Kurzprosa
ISBN 3-423-12687-6

Mit Sophie in die Pilze gegangen
ISBN 3-423-12688-4

Mein Jahrhundert
ISBN 3-423-12880-1

Im Krebsgang
Eine Novelle
ISBN 3-423-13176-4

Bitte besuchen Sie uns im Internet: www.dtv.de

Über Günter Grass
im dtv

»Seit Thomas Mann hat kein deutscher Schriftsteller eine so große Wirkung auf die Weltliteratur gehabt.«
Nadine Gordimer

Volker Neuhaus

Schreiben gegen die verstreichende Zeit
Zu Leben und Werk von Günter Grass

ISBN 3-423-**12445**-8

dtv portrait

Günter Grass

von Claudia Mayer-Iswandy
ISBN 3-423-**31059**-6

»Der Schriftsteller als Zeitgenosse, wie ich ihn meine, wird immer verquer zum Zeitgeist liegen.«
Günter Grass

Bitte besuchen Sie uns im Internet: www.dtv.de

Uwe Timm im dtv

»Als Stilist und Erzähler sucht Uwe Timm
in Deutschland seinesgleichen.«
Christian Kracht in ›Tempo‹

Heißer Sommer
Roman
ISBN 3-423-12547-0

Johannisnacht
Roman
ISBN 3-423-12592-6
»Ein witzig-liebevoller Roman über das Chaos nach dem Fall der Mauer.« (Wolfgang Seibel)

Der Schlangenbaum
Roman
ISBN 3-423-12643-4

Morenga
Roman
ISBN 3-423-12725-2

Kerbels Flucht
Roman
ISBN 3-423-12765-1

Römische Aufzeichnungen
ISBN 3-423-12766-X

Die Entdeckung der Currywurst
Novelle
ISBN 3-423-12839-9
»Eine ebenso groteske wie rührende Liebesgeschichte...« (Detlef Grumbach)

Nicht morgen, nicht gestern
Erzählungen
ISBN 3-423-12891-7

Kopfjäger
Roman
ISBN 3-423-12937-9
Ein faszinierender Roman aus dem Wirtschaftsleben.

Der Mann auf dem Hochrad
Roman
ISBN 3-423-12965-4

Rot
Roman
ISBN 3-423-13125-X
»Einer der schönsten, spannendsten und ernsthaftesten Romane der vergangenen Jahre.« (Matthias Altenburg)

Bei dtv junior:

Rennschwein Rudi Rüssel
ISBN 3-423-70285-0

Die Piratenamsel
ISBN 3-423-70347-4

Der Schatz auf Pagensand
ISBN 3-423-70593-0

Die Zugmaus
ISBN 3-423-70807-7

Bitte besuchen Sie uns im Internet: www.dtv.de

Markus Werner im dtv

»Eines der eigenwilligsten Erzähltalente der
deutschsprachigen Gegenwartsliteratur.«
Der Spiegel

Zündels Abgang
Roman
ISBN 3-423-10917-3

Das Ehepaar Zündel hat getrennt Urlaub gemacht. Als Konrad heimkehrt, bereitet ihm Magda einen sehr reservierten Empfang. Zündel plant seinen Abgang.

Froschnacht
Roman
ISBN 3-423-11250-6

Franz Thalmann ist Pfarrer, Ehemann und Familienvater, bis eines Tages sein Reißverschluß klemmt... »Ein heimlicher Zeitroman, der Dinge und Geschehnisse benennt, die nur scheinbar weit weg von uns sind... Den Schuß ins Herz spürt man erst später.« (Frankfurter Rundschau)

Die kalte Schulter
Roman
ISBN 3-423-11672-2

Moritz, Kunstmaler, lebt von Gelegenheitsarbeiten. Sein einziger Halt ist Judith, die einen sicheren Beruf und einen gesunden Menschenverstand hat.

Bis bald
Roman
ISBN 3-423-12112-2

Lorenz Hatt, Denkmalpfleger, lebt mehr oder weniger unbekümmert vor sich hin – bis sein Herz schlappmacht...
»Erneutes Staunen, Spannung, Vergnügen an Werners Lakonik und Komik.« (SZ)

Festland
Roman
ISBN 3-423-12529-2

Sie leben beide in Zürich, doch sie kennen sich kaum. Eines Tages aber kommen der Vater und seine nichteheliche Tochter ins Gespräch. »Was mich berührt hat: der wunderbare Ton dieses Buches.« (Marcel Reich-Ranicki)

Der ägyptische Heinrich
Roman
ISBN 3-423-12901-8

Eine faszinierende Spurensuche: Familiensaga, Reisebericht, historischer Roman und viel mehr. »Spannend, intelligent, witzig.« (Thomas Widmer in ›Facts‹)

Bitte besuchen Sie uns im Internet: www.dtv.de

Christa Wolf im dtv

»Grelle Töne sind Christa Wolfs Sache nie gewesen;
nicht als Autorin, nicht als Zeitgenossin hat sie je zur
Lautstärke geneigt, und doch hat sie nie Zweifel an
ihrer Haltung gelassen.«
Heinrich Böll

Der geteilte Himmel
Erzählung
ISBN 3-423-00915-2

Eine Liebesgeschichte zur Zeit des Mauerbaus in Berlin. Die einzige gültige Auseinandersetzung mit den Jahren der deutschen Teilung.

Auf dem Weg nach Tabou
Texte 1990–1994
ISBN 3-423-12181-5

Reden, Aufsätze, Prosatexte, Briefe und Tagebuchaufzeichnungen. »Ein literarisches Denkmal deutscher Aufrichtigkeit.« (Konrad Franke in der ›Süddeutschen Zeitung‹)

Medea. Stimmen
Roman
ISBN 3-423-12444-X
und dtv großdruck
ISBN 3-423-25157-3

Der Mythos der Medea, Tochter des Königs von Kolchis – neu erzählt. »Der Roman hat Spannungselemente eines modernen Polit- und Psychokrimis.« (Thomas Anz in der ›Süddeutschen Zeitung‹)

Hierzulande Andernorts
Erzählungen und andere Texte
1994–1998
ISBN 3-423-12854-2

»Zwei Skizzen aus Amerika gehören zum Besten, was je von Christa Wolf zu lesen war.« (Der Spiegel)

Marianne Hochgeschurz:
**Christa Wolfs Medea
Voraussetzungen zu
einem Text**
ISBN 3-423-12826-7

Materialien zur Entstehungsgeschichte und Rezeption von Christa Wolfs Roman ›Medea. Stimmen‹. »Es ist ein Vergnügen, die Kompetenz so vieler kluger Forscherinnen im Umgang mit den weiblichen Gestalten der antiken Mythologie und ihrem Echo in der Gegenwart zu erleben.« (Monika Melchert in der ›Sächsischen Zeitung‹)

Bitte besuchen Sie uns im Internet: www.dtv.de